DE
LA LIBERTÉ CIVILE,
ET
DES FACTIONS.

Les chefs de Faction, qui sont ordinairement des premiers Ordres de l'Etat, tendent toujours à établir l'Aristocratie, & à sacrifier le Prince & le Peuple à leur ambition & à leur avarice.

SECTION XVI.

1789.

TABLE

DES SECTIONS.

SECTION PREMIÈRE. *Sujet de ce Livre.* Pag. 1

SECION II. *De la nature de la Liberté Civile.* 3

SECTION III. *De la Licence.* 5

SECTION IV. *Que les Loix ne suffisent pas pour maintenir la Liberté.* 6

SECTION V. *Que les bonnes Mœurs & les bons Principes sont les seules bases solides de la Liberté.* 11

SECTION VI. *Réponse à une Objection.* 15

SECTION VII. *Preuves des Principes de l'Auteur, tirées de l'Histoire des Etats libres de Sparte.* 19

SECTION VIII. *De la République d'Athènes.* 31

SECTION IX. *De la République Romaine.* 35

SECTION X. *De l'Angleterre comparée avec ces trois Républiques.* 41

SECTION XI. *Des Mœurs & des Principes, à l'époque de la Révolution.* 48

SECTION XII. *Des Mœurs & des Principes, dans les temps qui suivirent la Révolution.* 53

SECTION XIII. *Dans quelles classes de Citoyens les Factions doivent le plus probablement se former.* 60

SECTION XIV. *Des moyens les plus propres à découvrir les Factions.* 65

SECTION XV. *Des caractères distinctifs de l'esprit de Liberté.* 67

SECTION XVI. *Premier caractère de l'esprit de Faction.* 69

SECTION XVII. *Second caractère de l'esprit de Faction.* 71

SECTION XVIII. *Troisième caractère de l'esprit de Faction.* 72

SECTION XIX. *Quatrième caractère de l'esprit de Faction.* 74

SECTION XX. *Cinquième caractère de l'esprit de Faction.* 76

SECTION XXI. *Sixième caractère de l'esprit de Faction.* 78

SECTION XXII. *Réponse à quelques Objections.*

SECTION XXIII. *Des moyens les plus propres à arrêter les progrès de la Licence & des Factions. Premier Moyen.* 81

SECTION XXIV. *Deuxième Moyen.* 83

SECTION XXV. *Autres Moyens.* 85

SECTION XXVI. *Moyen Principal.* 89

SECTION XXVII. CONCLUSION. 92

Fin de la Table.

DE

DE
LA LIBERTÉ CIVILE,
ET
DES FACTIONS.

SECTION PREMIÈRE.

Sujet de ce Livre.

UN Etat libre peut périr par deux causes essentiellement distinctes, qui se trouvent quelquefois réunies: ce sont les violences extérieures & intérieures, les invasions, ou les dissensions, les fureurs de la guerre, ou les troubles domestiques.

Envain, après des guerres cruelles & désastreuses, la victoire fait-elle rentrer le glaive dans le fourreau, si, en pleine paix, la licence arme de poignards une partie des citoyens, & dirige leurs bras contre le sein de leurs frères.

Je me propose, dans cet Ecrit, d'éclairer ceux qui pourroient être ses instrumens ou devenir ses victimes; je cherche à prévenir le crime des uns, & le malheur des autres, en démontrant quelles ſont les ſeules bâſes ſolides de la vraie Liberté, en dévoilant les prétextes dont ſe ſert la licence, & en la faiſant reconnoître à ſes caractères diſtinctifs.

Les principes politiques que je vais expliquer ſont tellement liés avec la Religion & la Morale que je me diſpenſerai d'établir que le bonheur des hommes n'a point de plus ferme appui que la Vertu qui eſt l'objet de la Religion elle-même.

Je m'étaye ſur ce point de l'autorité d'un Prélat ſavant & vertueux, dont les recherches politiques avoient le même but que les miennes.

« Comme la ſomme du bonheur des Individus, dit-il, « eſt cenſée n'être que le réſultat des » avantages de l'eſprit, du corps & de la for- » tune, je m'occupe volontiers de tout ce qui » peut être utile aux hommes ſous ces trois points » de vue. Il n'y en aura, je le penſe, aucun, » quelle que ſoit ſa profeſſion, qui trouve déplacé » que je communique à mes ſemblables des ré- » flexions qui peuvent contribuer à l'accroiſſe- » ment de leur fortune, à la conſervation de » leur ſanté, à la perfection des mœurs, j'ajou- » terai même, au bien de la Religion ».

SECTION II.

De la nature de la Liberté Civile.

RIEN ne paroît plus inutile dans un pays qui se vante d'être libre que d'expliquer qu'elles idées on doit se former de la Liberté Civile.

Je ne puis cependant me dispenser de le faire, parce que, si l'on consulte la conduite des hommes plutôt que leurs livres, on verra qu'ils se méprennent souvent sur la nature de la Liberté Civile.

La Liberté naturelle de l'homme, considéré comme Individu sauvage & isolé, consiste à satisfaire aveuglément tous ses appétits. Il y a des sauvages, mais en très-petit nombre, qui vivent dans l'*état de nature*.

Cette expression manque d'une certaine justesse. Il semble que cet état soit contre nature, puisqu'il place l'homme au-dessous des brutes, qui ont sur lui l'avantage que leur donne un instinct qui ne les égare jamais (1), & qu'il le prive de

(1) Les hommes dispersés parmi les animaux observent, imitent leur industrie, & s'élévent ainsi jusqu'à l'instinct des bêtes, avec cet avantage que chaque espéce n'a que le sien qui lui soit propre, & que l'homme, n'en ayant peut-etre aucun qui lui appartienne, se les approprie tous. *J. J. R. Disc. sur l'inégal. des Cond.*

l'exercice de ſes facultés naturelles, leſquelles ne peuvent ſe développer que dans l'état de Société.

L'homme eſt donc né pour la Société, c'eſt-à-dire pour être en relation avec l'homme. Le développement de ſes facultés a dû produire néceſſairement de nouveaux beſoins; la néceſſité de s'entr'aider, & la diſtinction des propriétés qui firent naître la diſcorde & les contradictions.

Il a donc fallu réprimer les déſirs de l'homme dans l'état ſocial, & les fixer par des loix qui fiſſent ſervir la volonté de chaque individu au bien de tous.

La Liberté Civile eſt le fruit de cette contrainte ſalutaire. Chaque déſir naturel qui ſe trouve en oppoſition avec le bien général eſt, en quelque ſorte, une taxe qui nous eſt impoſée à raiſon des grands & ſolides avantages que la Société nous aſſûre.

SECTION III.

De la Licence.

APRÈS avoir ainsi expliqué la nature de la Liberté Civile, il est facile de définir la Licence.

Elle n'est autre chose qu'un désir mis en action, qui viole, sous un rapport quelconque, les Loix établies pour le bien de tous.

Ainsi la satisfaction immodérée de tous nos désirs qui, dans l'état primitif, constituoit la Liberté naturelle, constitue *la licence* dans l'état civil.

Son objet immédiat est de nuire à la Liberté Civile. L'état qu'elle produit est opposé à la Société, & se nomme *Faction* (1).

---

(1) La Faction produit des cabales, des complots, des conjurations. La cabale tend à gêner, par ruse & par adresse, la Liberté Civile des Individus, ou les vues du Gouvernement. Le complot est une association qui a le même objet; mais alors on employe la force ouverte pour réussir. Enfin la conjuration est une convention, un accord entre plusieurs citoyens, pour opérer quelque révolution dans la forme ou dans l'essence du Gouvernement.

Note du Traducteur.

SECTION IV.

Que les Loix ne suffisent pas pour maintenir la Liberté.

CONSIDÉRONS maintenant quelles sont les bâses indestructibles de la Liberté Civile : c'est-à-dire quels sont les moyens efficaces d'engager ou de forcer chaque citoyen à sacrifier ses désirs ou ses appetits au bien commun.

Ce sujet mérite une explication particulière, parce qu'il semble que, dans notre siécle, on soit tombé sur ce point dans des erreurs aussi graves que dangereuses..

Quelques Ecrivains ont posé, comme un principe fondamental : « que le pouvoir coërcitif des » Loix n'a besoin d'aucun secours étranger ; » que le Législateur, ou le Magistrat, n'a point » de prise sur les opinions, les sentimens ou les » operations de l'esprit, & que les actions seules » sont du ressort des Loix ».

L'Auteur de la fable des Abeilles (1) a tellement adopté ce principe, qu'on le trouve à chaque page de son Ouvrage. En faisant profession d'être le défenseur de la Liberté, il tourne en

(1) Bernard Mandeville, médecin, né à Dort en Holande, & mort à Londres en 1733.

ridicule les vertus privées. Ce ſont, ſelon lui, des *enſans de la flatterie engendrés par l'orgueil.*

La Religion n'eſt qu'une fable politique, & l'honneur qu'une vaine chimère. Après avoir ainſi tari toutes les ſources des bons principes & des mœurs, quels penſez vous que ſoient les grands ſecrets de ſa politique, pour prévenir tous les crimes qui pourroient mettre l'Etat en danger? Ce ſont des loix ſévères, des juges inexorables, des priſons, des poteaux, des piloris & des gibets.

Ce principe, que les Loix civiles ſuffirent pour maintenir l'ordre ſocial ſans le ſecours des opinions & des mœurs, a été avancé indirectement par d'autres Ecrivains.

Un défenſeur auſſi imprudent que zèlé de la Liberté Civile s'explique d'une manière qui peut être interprétée en faveur du principe en queſtion : « Il n'eſt pas raiſonnable, dit-il, de ſou- » tenir que le Gouvernement doit veiller ſur » les penſées, les principes & les actions des » particuliers, lors même qu'ils ne nuiſent point » à la Société ni à aucun de ſes membres. »

» Tout homme eſt conſtitué, par la Nature & » par la Raiſon, ſeul juge, ſeul diſpenſateur de » ſes affaires domeſtiques ; &, ſelon les régles de » la religion & de l'équité, chacun doit ſe con- » duire, ſelon ſa propre conſcience; le Magiſtrat, » ou toute autre perſonne, n'a pas plus le droit

» ou le pouvoir de régler la façon de penser
» d'un homme que ses rêves. Le Gouvernement
» ayant été institué pour protéger les hommes
» contre les injures qu'ils pourroient se faire
» réciproquement, & non pas pour les diriger
» dans les affaires où ils sont seuls intéressés, les
» pensées & les affaires domestiques ne peuvent
» pas être de son ressort.

» La vraie Liberté donne donc à chaque homme
» le droit de suivre les mouvemens naturels,
» raisonnables & religieux de son propre cœur;
» de penser comme il lui plaît, d'agir comme
» il pense, pourvu que ce ne soit pas au pré-
» judice d'un autre ».

Si cet Auteur a voulu prouver que le Magistrat doit respecter les loix de la tolérance religieuse, & que chaque homme a le droit inaliénable d'adorer Dieu à sa manière, il a dit une vérité à laquelle tous les hommes sensés rendent hommage; mais, s'il a voulu établir que les pensées & les opinions n'ont aucune influence sur les actions, ou qu'elles n'en ont point une assez grande pour que le Magistrat ait jamais le droit de les régler, c'est une doctrine dont les conséquences ne peuvent qu'être funestes à la tranquilité publique & à la Liberté Civile.

Si le Magistrat n'avoit aucune inspection sur les opinions, & les principes, il n'auroit pas le droit de prescrire des régles pour former le cœur & l'esprit des enfans ; chaque père auroit au contraire celui d'inspirer aux siens tels sentimens qu'il lui plairoit, & même d'empêcher qu'ils ne pussent devenir un jour de bons citoyens, en infectant leur jeunesse de toutes sortes de vices, par les plus mauvais conseils & les exemples les plus pernicieux. On doit sentir les dangers de cette conséquence.

Les actions de l'homme n'ont d'autre cause que ses appétits naturels, & ses passions. Sans l'impulsion qu'il en reçoit, il seroit insensible & inactif. Ses actions seront donc bonnes ou mauvaises, selon le caractère de ses penchans & le genre de ses opinions. Il faut donc que le Magistrat ait une inspection sur les principes & les mœurs du citoyen (1).

Si les désirs de chaque individu étoient toujours d'accord avec le bien de tous, il ne faudroit point de pouvoir coërcitif pour maintenir

---

(1) On ne doit pas même désirer que cette censure passe certaines bornes, parce que le pouvoir appliqué à des fautes obscures ou susceptibles de diverses interprétations, dégénère aisément en tyrannie. Comme il n'est rien de si fugitif que la pensée, comme il n'est rien de si intime que nos sentimens, il n'y a aussi qu'une puissance invisible, & dont l'autorité semble participer à l'influence divine qui a le droit d'entrer dans le secret de nos cœurs.

Import. des Opin. Relig. pag. 79.

la Liberté Civile. Mais la néceſſité bien reconnue des loix pénales prouve inconteſtablement que cet accord n'exiſte pas.

Les moyens les plus puiſſants pour maîtriſer les paſſions des hommes, ſont auſſi les plus ſûrs pour régler leurs actions & empêcher que la Liberté ne dégénère en licence.

Sans le ſecours de ces moyens, le pouvoir coërcitif des loix ne pourroit produire, dans le cœur de l'homme, qu'un combat continuel entre le déſir & la crainte, l'eſpérance de l'impunité, & la terreur des ſupplices; &, comme l'habitude de ne mettre intérieurement aucun frein aux paſſions doit leur donner une force terrible, la certitude même du ſupplice ne feroit ſouvent aucune impreſſion ſur ſon eſprit.

Ce n'eſt pas tout: il n'eſt pas au pouvoir des hommes de pénétrer dans les replis des cœurs, de lire dans les intentions, de deviner les actions cachées. Le pouvoir coërcitif des loix ſeroit donc encore plus inſuffiſant contre l'adreſſe qui ſauroit les éluder, que contre la force qui oſeroit en afficher le mépris.

Ainſi l'obſervation des loix, par le plus grand nombre des citoyens, tourneroit au profit de quelques individus; l'innocent deviendroit la proie du coupable; la Liberté ſeroit anéantie; on verroit triompher la licence & l'eſprit de faction.

SECTION V.

Que les bonnes Mœurs & les bons Principes sont les seules bâses solides de la Liberté.

LA Liberté publique ne peut avoir d'autre bâse solide qu'un systême de Mœurs & de Principes imprimé dans le cœur de l'homme, lequel serve de frein à ses désirs déréglés ; ou plutôt qui les modifient de manière qu'ils ne contrarient jamais le but des loix.

La *perfectibilité* (1) est une des qualités naturelles de l'homme; s'il n'arrive point à la perfection, il peut en approcher de très-près. Il est né avec des appétits qui le portent à la conservation de son être, & à la reproduction de son espéce. Il est égoïste & social, compatissant & irascible, susceptible de bonnes & de mauvaises impressions, conséquemment capable d'acquérir de nouvelles habitudes, de nouvelles passions, de nouveaux désirs pour le bonheur ou le malheur de ses semblables.

(1) J. J. Rousseau est le premier qui se soit servi de ce mot, & je ne sache pas qu'il ait été imité par personne. Je m'en sers, parce qu'il est intelligible, précis, & le seul qui puisse rendre l'original.

Note du Traducteur.

Les bonnes Mœurs consistent dans une habitude de pensées & d'actions qui en dérivent, lesquelles tendent à concourir au bien général.

Les bons Principes sont ceux qui ont pour objet de fortifier cette habitude en y ajoutant l'idée du devoir.

Les Mœurs maintiennent la Liberté, parce qu'elles sont cause que les désirs & les passions des individus font masse avec la volonté générale. L'esprit des enfants étant susceptible de toutes les passions, il est au pouvoir de ceux qui sont chargés de leur éducation de déterminer jusqu'à un certain point leur penchant, de les fixer sur des objets utiles, & de les détourner de ceux qui sont pernicieux.

C'est donc, si l'on peut parler ainsi, poser la première pierre de la Liberté Civile que de former le cœur de la jeunesse à rapporter tout au bien général, en réprimant tous les désirs qui s'écartent de ce but ; c'est exciter en elle les passions qui peuvent contribuer au bonheur public, que de lui inspirer l'amour de la Vérité, la modestie, l'attention sur soi-même, la bienveillance envers les autres, & de prévenir ou corriger les vices contraires à ces vertus ; la fausseté, l'orgueil, la tempérance & l'amour de soi, que de lui apprendre enfin à trouver dans la Vertu même sa plus douce récompense.

La Liberté Civile n'est jamais plus solidement établie que lorsque les passions sociales des individus sont exaltées au point qu'ils regardent la prospérité publique comme leur principal objet : on donne à cette affection le nom d'*Esprit public*, ou d'*amour de la Patrie* ; c'est la plus noble passion qui puisse naître dans le cœur de l'homme.

Mais l'amour de soi est si fort, l'esprit public est si foible dans certaines âmes, les tentations, les circonstances critiques ont des effets si étonnans, même sur les cœurs les mieux disposés, qu'il est nécessaire, pour la conservation des vertus particulières, & de la tranquillité publique, que de bons principes fortifient ces habitudes, en y ajoutant l'idée du devoir.

Il n'y a que trois Principes qui puissent produire cet effet ; la religion, l'honneur & la conscience.

Le premier a pour objet la divinité, le second l'opinion publique, le troisième l'approbation de soi-même.

La religion porte l'homme à l'observation de ses devoirs, par l'idée d'un Dieu juste & tout-puissant, à l'œil duquel rien n'échappe, & qui le recompensera ou le punira, selon que ses pensées & ses actions auront été bonnes ou mauvaises.

Pour que la Religion ferve à affermir la Liberté, il faut que fes préceptes s'accordent avec les loix civiles ; qu'ils défendent ce qu'elles puniffent ; qu'ils déclarent méritoire ce qu'elles ordonnent. Dans les pays libres, il faut que la Religion fe plie aux loix établies, ou qu'elle leur donne fon propre génie.

L'honneur, lorfqu'il eft bien dirigé, eft un des principaux appuis de la Liberté ; il agit, par une paffion puiffante & univerfelle, le défir de la louange.

Ce principe eft plus fujet aux abus que celui de la Religion, parce qu'il peut être modifié pour le temps & les ufages ; car tout ce qui eft à la mode eft propre à attirer de la confidération & des applaudiffemens. Le principe de l'honneur étant donc verfatile, fes effets doivent être incertains. Il eft ainfi très-important de le bien diriger, de peur qu'il ne ferve plutôt à détruire qu'à confolider les fondemens de la Liberté.

La confcience eft un principe qui, fous certains rapports, dépend des deux autres. Nous réuniffons, dans notre cœur, le fentiment de l'approbation du Ciel & celui de l'eftime des hommes. Il naît de cette réunion un nouveau principe de fatisfaction ou de reproche intérieurs qui fert auffi de régle à nos penfées & à nos actions.

Quelques Ecrivains ont avancé que les mouvemens de la conſcience étoient l'effet d'un ſentiment indeſtructible de ce qui eſt juſte ou injuſte, ſentiment inné dans le cœur de tous les hommes. Il faut avouer qu'en effet ils entendent plus ou moins la voix de la conſcience; mais il eſt prouvé, par l'hiſtoire de l'eſpèce humaine, que ce principe varie ſelon les impreſſions que l'eſprit a déjà reçues, & qu'il eſt dirigé par les deux autres.

S'il l'eſt par la religion d'un état libre, il s'accorde avec les principes de la Liberté; s'il ne l'eſt que par l'honneur, il eſt verſatile comme lui, & ils prennent l'un & l'autre le caractère que les préjugés des parens leur impriment.

Chacun de ces principes, pris ſéparément, peut contribuer au maintien de la Liberté Civile; il porte ſur des bâſes inébranlables, quand leur triple influence eſt réunie à la force des habitudes heureuſes & des bonnes mœurs.

Mais, comme les meilleures inſtitutions humaines ſont toujours imparfaites, le levain de la licence ſe mêle toujours avec la Liberté, & infecte, juſqu'à un certain point, la maſſe du bonheur public.

Cependant tant que les Bons Principes & les Mœurs prédominent dans un Etat, il eſt vraiment libre.

Mais, à mesure que ces ressorts se relâchent, il tombe en décadence, parce qu'alors toutes les passions & toutes les facultés des hommes conspirent contre les loix. Les frères s'élèvent contre leurs frères; le ciment de la Société se dissoud, & l'Etat périt, sans aucune attaque étrangère, par l'effet de sa propre corruption.

SECTION VI.

Réponse à une objection.

Les partisans de la liberté de penser objecteront sans doute que c'est fonder le bonheur public sur l'asservissement de l'âme, que de remplir l'esprit des enfans, de préjugés.

Je réponds à cette objection plausible, qu'un préjugé ne suppose pas toujours, comme on le pense généralement, une opinion fausse, mais seulement une opinion adoptée sans examen.

L'esprit des enfans est susceptible d'être prévenu en faveur de la vérité ou de la fausseté; & il est impossible qu'il demeure dans un état d'indifférence & d'inaction; il doit donc, en communiquant avec les hommes, acquérir dans ses développemens, l'habitude des bonnes ou des mauvaisées pensées. C'est de-là que vient la nécessité de prévenir l'impression des opinions dangereuses

dangereuses, en présentant à l'esprit des enfans des objets utiles & raisonnables.

L'objection que la loi fait contre la méthode de leur inspirer de bons principes, pourroit se faire aussi contre celle de lui apprendre à marcher. Car les secours qu'on lui donne pour se soutenir sur ses jambes débiles sont aussi bien une violation de la liberté naturelle du corps, que l'inspiration des bons principes peut l'être de celle de l'esprit. Il faut donc convenir qu'on n'asservit pas plus l'âme des enfans en réglant leur entendement, qu'en les empêchant d'aller à quatre pates.

Au reste, les opinions qu'on suggère à l'esprit des enfans ne nuisent pas plus à la liberté de penser, que celle que le hazard leur donne. Dans l'un & l'autre cas les principes sont seulement présentés à l'imagination qui est toujours libre de les rejetter ou de les adopter.

Toute la différence qu'il y a, c'est qu'au premier cas un sage, Instituteur ne présente que des principes qui tendent au maintien de la Liberté Civile, & qu'au second cas, l'enfant peut contracter une habitude d'idées absolument destructives du bonheur public.

Un esprit imbu de pensées saines & honnêtes est bien plus libre sans doute que celui qui n'a que des idées vagues & sans ordre. Cette opinion eſt conforme à cet axiome des Stoïciens : *Il n'y a de libre que le Sage.*

On a beaucoup raiſonné, dans ce ſiécle, ſur l'étendue des forces de la Raiſon. Je ne prétends embraſſer aucun parti ; je dirai ſeulement que l'on connoîtroit peu la nature de l'âme, ſi l'on croyoit que la Raiſon ſoit autre choſe qu'un inſtrument qui nous eſt donné pour choiſir les moyens d'atteindre à l'objet de nos déſirs, quel qu'il ſoit.

Il faut conclure de ces principes qu'on peut, ſans aſſervir la Raiſon, en diriger l'uſage, & que l'homme ne doit pas être livré aux illuſions de ſon foible entendement & de ſes paſſions naiſſantes, puiſqu'il eſt évident qu'il pourroit être corrompu par des opinions dangereuſes & incon-teſtables ; que c'eſt travailler au maintien de la tranquillité publique que de lui inſpirer, de bonne heure, des maximes qui ont été conſacrées par l'approbation des hommes les plus ſages de tous les ſiécles & de tous les pays.

SECTION VII.

Preuves de ces principes, tirées de l'hiſtoire des Etats libres.

De Sparte.

AJOUTONS à ces argumens tirés de la nature de l'homme les preuves inconteſtables que l'hiſtoire nous fournit de cette vérité ; que la Liberté a toujours ſuivi le ſort des Mœurs ; qu'elles ont régné enſemble ; décliné dans une égale proportion, & péri en même temps.

Examinons, à cet effet, le génie des inſtitutions des trois plus célébres républiques : Sparte, Athènes & Rome.

Sparte mérite d'être citée la première, à cauſe de ſon antiquité & de ſa perfection. Je n'entends pas dire la perfection de ſa Morale, mais ſeulement celle de ſes moyens politiques. Voici ſur quelles bâſes Lycurgue établit la conſtitution de cet Etat.

1° Il créa un Sénat de vingt-huit membres comme un corps intermédiaire entre le prince & le peuple.

2° Il fit un partage égal des terres & des richesses entre tous les membres libres de l'Etat.

3° Il introduisit l'usage d'une monnoie de fer, au lieu de celle d'or ou d'argent.

4° Il bannit les arts, le luxe & le commerce.

5° Il ordonna que tous les citoyens vivroient en commun, & ne mangeroient que des alimens grossiers.

6° Il établit la communauté des femmes, en sorte qu'elles appartenoient plutôt à la République qu'à leurs maris.

7° Il établit, dans les mêmes vues, la communauté des enfans; aussi les pères n'étoient point chargés d'en prendre soin. Ils étoient remis, aussi-tôt leur naissance, à des officiers publics qui les conservoient ou les faisoient périr selon qu'ils étoient bien ou mal constitués.

8° Il voulut que la principale occupation des citoyens fût de veiller à l'observation des loix, & de se tenir en état de défense.

9° Il chargea, de la culture des terres, des esclaves qui étoient privés des droits naturels de l'homme, & que la jeunesse de Sparte égorgeoit de sang froid, lorsque leur nombre devenoit dangereux pour la republique (1).

(1) Ces atrocités commises avec impunité, par la jeunesse de Sparte, semblent incroyables. Elles lui avoient été

Telles étoient les principales institutions de Sparte, qui, toutes étranges qu'elles sont, servent à confirmer les principes que j'ai établis sur la Liberté.

J'ai démontré que le point essentiel étoit d'inculquer aux enfans des habitudes de penser & d'agir, qui contribuassent à l'exécution des loix.

Le genre d'éducation que Lycurgue prescrivit, pour la jeunesse de Sparte, prouve qu'il regardoit cette précaution comme indispensable.

Les pères n'avoient pas le droit d'élever leurs enfans à leur gré. Les officiers publics, auxquels ils étoient confiés, les formoient aux mœurs, aux principes, aux exercices, aux travaux, aux connoissances, en un mot à toutes les habitudes de l'esprit & du corps, qui convenoient au génie de l'Etat. Ils n'avoient aucune relation avec leurs parens (1), & le bien public étoit l'unique

---

permises dans le même esprit qu'il lui étoit ordonné *de dérober ses vivres*. On avoit probablement eu en vue de l'exercer aux ruses de guerres.

Note de l'Auteur.

(1) On nous cite l'exemple de Sparte où l'Etat s'étoit emparé de l'éducation des citoyens, & les avoit préparés, par ce moyen, à des mœurs extraordinaires, dont l'histoire nous fait le tableau. Mais le Gouvernement aidé, dans cette entreprise, *par toute la puissance de l'autorité paternelle*, ne s'étoit proposé que deux grands buts, l'encouragement

objet de leurs affections. On suivoit ce système d'éducation jusqu'à ce qu'ils fussent admis dans la classe des citoyens.

Lycurgue, pour préserver les Spartiates de la corruption, leur avoit défendu de voyager hors de leur pays, dont l'accès étoit fermé à tous les étrangers (1); aussi jamais peuple ne fut aussi attaché à ses loix & à ses usages.

Ces mœurs sévères étoient soutenues par tous les principes qui ont le plus de prise sur le cœur humain.

Lycurgue, qui n'ignoroit pas combien la religion est un ressort puissant, feignit que ses principales loix lui avoient été dictées par l'oracle de Delphes qu'il avoit été consulter avant que de les proposer; &, lorsqu'il les eut fait recevoir, il retourna à Delphes d'où il fit savoir à

---

des qualités militaires, & le maintien de la Liberté. *Import. des Opin. Relig. pag.* 102. A Sparte, l'autorité paternelle n'étoit pas celle de chaque père sur ses enfans, mais de tous les pères sur tous les enfans de l'Etat.

(1) Cette défense ne fut pas toujours strictement observée, puisque des gens de Samos vinrent donner à Sparte le mauvais exemple du mépris pour les magistrats, en souillant, de leurs ordures, le tribunal des Ephores. Mais les magistrats prévinrent l'effet de l'exemple, par un jugement qui permit aux gens de Samos d'*être malhonnêtes*.

Note du Traducteur.

Sparte que le Dieu avoit approuvé tout ce qu'il avoit fait.

Ce principe étoit tellement lié avec les loix civiles, que les Rois, à Sparte, étoient aussi les chefs de la Religion. Les Spartiates avoient tant de respect pour la foi du serment, que Lycurgue ne trouva pas de moyen plus solide, pour assûrer l'exécution de ses loix, que de prétexter un voyage, & de faire jurer au peuple qu'il les observeroit jusqu'à son retour à Sparte, d'où il partit aussi-tôt pour n'y plus revenir (1).

L'honneur venoit à l'appui de la Religion. Plutarque entre dans de grands détails sur les moyens qu'on employoit pour exalter les âmes des jeunes Spartiates.

Une partie de leur éducation consistoit à apprendre des poésies qui contenoient l'éloge de ceux qui étoient morts en combattant, & la satyre de ceux qui avoient fui à l'aspect du danger. Les vieillards chantoient eux-mêmes leurs exploits; les jeunes-gens répétoient leurs chants, & prenoient l'engagement de ne point dégénérer de la vertu de leurs ancêtres.

---

(1) Ce serment prouve qu'il n'y a point de contradiction entre les Loix & la Religion. Autrement il auroit fallu, ou que les Spartiates violassent leur serment, ou qu'ils désobéissent aux loix.

Note de l'Auteur.

La conscience du Spartiate étoit si bien asservie à la Religion & à l'honneur, qu'il en résulte une preuve sans replique que la conscience n'est pas toujours un guide assûré.

Rien répugne-t-il davantage à ce sentiment interieur que la prostitution, le vol, l'adultère, l'assassinat. Cependant les sévères Spartiates se livroient à tous ces excès, non seulement sans remords, mais avec l'approbation intérieure de leur conscience; parce que, dès leur enfance, on y avoit attaché l'idée du devoir.

Telle étoit cette fameuse République : des Mœurs opposées à tout ce qui perfectionne l'espéce humaine; des Principes qui sembloient sacrifier le bonheur des individus à la prospérité de l'Etat faisoient toute la force de sa constitution.

Il faut tirer, de ce qui vient d'être dit, les résultats suivans.

1° Le temps le plus favorable pour donner des loix à un peuple est celui où il est encore à demi-sauvage. Alors le Législateur n'a que très-peu, ou point du tout, de préjugés à combattre. Il peut former un systême de législation dont toutes les parties soient liées les unes aux autres. Mais celui qui entreprend de réformer un Etat corrompu est forcé de respecter des usages reçus, ou des habitudes invétérées; elles exigent qu'il fasse à son plan des changemens, ou des restrictions, pour que le peuple veuille ou puisse le recevoir.

Si, comme l'ont cru tous ceux qui ont écrit sur la république de Sparte, elle eût été déjà corrompue, lorsque Lycurgue lui donna ses loix (1), comment eût-il pu obtenir des Spartiates qu'ils renonçassent au commerce, à l'usage de la monnoie, à la pudeur, à la propriété de leurs femmes, de leurs enfants, de leurs terres; en un mot, à tout ce qui est cher & nécessaire à un peuple civilisé. Cet effet surpasse les forces de l'esprit humain. C'est déjà un si pénible ouvrage que d'opérer un changement, même salutaire, dans la forme d'un Gouvernement, qu'on ne peut se permettre de croire que Lycurgue ait reporté tout un peuple de la civilisation à une espéce de barbarie, par la force seule de ses institutions.

Mais qu'il ait fait faire quelques pas vers la civilisation à une horde de sauvages; qu'il leur ait

(1) C'est l'opinion de J. J. Rousseau. « Il se trouve, dit-il, dans la durée des Etats, des époques violentes où » les révolutions font sur les Peuples ce que certaines crises » font sur les individus où l'horreur du passé tient lieu » d'oubli, & où l'Etat, embrâsé par les guerres civiles, » renaît, pour ainsi dire, de sa cendre, & reprend la vigueur » de la jeunesse en sortant des bras de la mort. Telle fut » Sparte au temps de Lycurgue ».

appris à partager une subsistance qu'ils s'arrachoient, qu'il ait introduit l'usage d'une monnoie de fer, où nulle autre monnoie n'étoit en usage ; qu'il ait prohibé le commerce à des hommes qui n'en avoient aucune idée ; qu'il ait ordonné que de jeunes-filles danseroient toutes nues en public, dans un pays où l'on se servoit de vêtemens pour se mettre à l'abri des injures de l'air, & non pas par décence ; qu'il ait permis le vol & le meurtre, avec des restrictions à ceux qui le commettoient auparavant avec une entière impunité ; qu'il ait fait succéder au mélange confus des sexes des mariages qui n'empêchoient pas qu'en certains cas les femmes n'appartinssent à la République ; qu'il ait établi une éducation publique parmi ceux qui n'en avoient reçu aucune : tout cela n'est pas au-dessus des forces & du génie d'un législateur (1).

(1) Il seroit absolument impossible de résoudre le problême historique que présente la constitution de Sparte, s'il étoit prouvé que Lycurgue trouva les Spartiates civilisés & déjà corrompus ; mais Plutarque dit « qu'il n'y a rien de » certain sur la naissance, la famille, les voyages & la » mort de ce Législateur ; qu'il y a des contradictions dans » tous les Auteurs sur le temps auquel il a vécu, sur » l'établissement de ses loix & de sa république ; que Timée » conjecture qu'il y a eu deux grands-hommes de ce nom, » dont toutes les grandes actions sont attribuées à un seul »,

Le chef-d'œuvre de Lycurgue est donc d'avoir empêché les Spartiates d'approcher trop près de la civilisation, & de les avoir préservés des vices qu'elle traîne à sa suite en les fixant, par des institutions sévères, au point où il les avoient conduits.

2° La bonne intelligence dans laquelle vécurent, pendant plusieurs siécles, les membres de cette République démontre la fausseté de cette maxime adoptée par le plus grand nombre des Ecrivains politiques (1); *que les divisions sont nécessaires dans les Etats libres, & que la tranquillité des esprits est un symptôme de leur ruine prochaine.*

Ceux qui ont avancé ce principe ont supposé que la liberté des opinions entraînoit toujours la division. Mais il est prouvé, par l'histoire de

On ne peut donc se décider sur l'état où étoient les Spartiates, lorsqu'il leur donna ses loix, que par la nature même de ses institutions. Or elles sont telles qu'un Peuple civilisé les eût rejettées avec un indignation, ou repoussées avec fureur. Rien ne prouve davantage, en faveur de mon opinion, que le destin d'Agis, lorsque ce Roi vertueux voulut ramener les Spartiates corrompus à leurs anciennes institutions. Il n'en put venir à bout; ses grandes qualités, son amour pour la Patrie ne purent le sauver des fureurs de la populace : il fut massacré.

Note de l'Auteur.

(1) Entr'autres, Machiavel & Montesquieu.

Note de l'Auteur.

Sparte, que les opinions peuvent être libres, & les esprits demeurer réunis. Pendant plus de cinq-cents ans, toute espéce de division y fut absolument inconnue. *La république*, dit Plutarque, *ressembloit à un corps vigoureux animé par une seule âme plutôt qu'à un Etat composé de differents individus.*

Une telle union ne pouvoit être l'effet que d'une éducation févère & commencée dès le berceau, laquelle avoit pour objet de diriger les esprits vers un but général auquel se rapportoient toutes les pensées & toutes les actions (1).

3° Une constitution est bien calculée, lorsque chaque institution est tellement liée aux autres, que l'infraction d'une seule les anéantit toutes.

A Sparte, *toutes les institutions étoient liées ensemble*; elles tendoient toutes à prévenir les pre-

(1) Un des plus grands obstacles à cette union, dans un Etat, c'est la distinction des personnes. Il y a souvent autant d'intérêts opposés que d'ordres de Citoyens, & l'intérêt particulier des corps fait perdre de vue l'intérêt public. Par-tout où il y aura des Patriciens & des Plébéiens, des Nobles & des Roturiers, des Privilégiés & des non-Privilégiés, l'orgueil, ou l'intérêt, semera la division dans les esprits, & le bien sera plus difficile à faire que dans les pays où il n'y a entre les Citoyens d'autre ligne de démarcation que la vertu, les talents & la fortune.

Note du Traducteur.

mières séductions de l'imagination qui produisent l'égoïsme.

Le partage des terres & des biens ne laissoit aucune apparence de supériorité entre les Citoyens ; la monnoie de fer rendoit les richesses embarassantes, & le commerce impossible. La prohibition du commerce prévenoit le luxe ; & celle de la bonne chère, les ravages de l'intempèrance. L'éducation publique maintenoit toutes les institutions, de manière que cet Etat pouvoit résister aux attaques des ennemis les plus puissants.

A Sparte, *l'infraction d'une seule loi les anéantissoit toutes.* L'inégalité des possessions amena les richesses & la pauvreté ; les richesses enfantèrent le luxe & l'avarice ; la pauvreté, l'envie & le commerce : delà le goût & le besoin des voyages, la contagion de l'exemple, l'esprit d'insubordination, la licence & les factions qui rendirent la ruine de Sparte inévitable.

Mais, dans sa décadence même, la force de l'éducation ne laissa pas de se faire sentir, & de suppléer à l'exacte observation des loix. Ses effets étoient si constants, que Philipémen, après plusieurs efforts inutiles pour anéantir un Etat qui n'étoit plus que l'ombre de lui-même, déclara que le seul moyen de réussir étoit de faire des changemens dans l'éducation de la jeunesse de Sparte.

« Un des principaux points de la politique » de Lycugue, dit Plutarque, & celui qui con- » tribua le plus à l'observation de ses loix, fut » que les Spartiates sucèrent, avec le lait de » leur nourice, un grand respect pour ses in- » stitutions ».

Cette réunion (1) des principes, des mœurs, des loix & de l'éducation a fait comparer, avec raison, la République de Sparte à la Phalange Macédonienne, qui opposoit, de tous côtés, une égale résistance.

---

(1) Ce qu'on appelle *union* dans un corps politique est une chose fort équivoque : la vraie est une union d'harmonie qui fait que toutes les parties, quelqu'opposées qu'elles nous paroissent, concourent au bien général de la Société, comme des dissonances, dans la musique, concourent à l'accord total.

MONTESQUIEU Grandeur des Romains.

SECTION VIII.

De la République d'Athènes.

La constitution de la République d'Athènes va nous fournir, comme celle de Sparte, mais en sens contraire, une preuve évidente que les mœurs & les principes font la gloire & la durée des Etats. C'est à la corruption de ses mœurs & au relâchement de ses principes qu'Athènes dut la foiblesse de son Gouvernement, les factions qui la déchirèrent, & les révolutions qui la détruisirent

Nous avons déjà dit que Lycurgue, ayant donné à son Peuple les premières idées de la civilisation, il avoit pu établir des loix cohérentes. Solon, au contraire, ayant à policer un Peuple corrompu, fit seulement, dans la constitution, des réformes telles que le comportoient les usages, les vices & les idées politiques des Athéniens.

Il n'en faut pas d'autre preuve que ce mot de Solon : *Je n'ai point donné aux Athéniens*, disoit-il, *les meilleures loix possibles, mais les meilleures qu'ils pussent recevoir.*

Le premier vice de son plan de législation fut de n'avoir point établi une éducation publique, générale & analogue au génie de l'Etat.

Il est vrai que les parens payoient des maîtres fort cher pour instruire leurs enfans dans la Gymnastique, & la Musique qui comprenoit le Poëme & la Mélodie. Mais ces Poëmes contenoient aussi bien le récit des belles actions des anciens Héros, & des Dieux, que l'histoire de leurs vices. Il ne falloit donc pas, dans une circonstance aussi importante que la réforme d'une République, laisser aux parens la liberté de donner à leurs enfans telle éducation qu'il leur plairoit. Car il arriva que quelques jeunes-gens reçurent de bons principes; quelques autres en reçurent de mauvais; d'autres enfin n'en eurent point du tout. Cette différence d'éducation en produisit une immense dans les Mœurs & les Opinions; elle empêcha qu'il ne se formât un esprit public, ressort sans lequel il n'y a point de vraie Liberté.

Un autre vice de cette République fut la démocratie absolue, que la licence de la populace força Solon d'introduire. Un Peuple sage se seroit contenté de partager le pouvoir législatif avec les premières classes de la République (1).

(1) Oui, il se seroit contenté de le partager. Mais ce reproche que l'Auteur fait avec raison au peuple d'Athènes, ne pourroit-on pas le faire aux classes supérieures de plusieurs autres Etats? Veulent-elles que le peuple ait, dans les affaires publiques, une influence égale à la leur? Mais

Mais un peuple licencieux voulut le posséder exclusivement, parce qu'il le regardoit comme un moyen de satisfaire ses passions effrénées.

Cette injuste distribution du pouvoir législatif fit dépendre le sort de l'Etat de la plus vile populace.

Tout particulier qui étoit assez riche pour entretenir un cheval, étoit admis dans le corps des Magistrats. Ces Magistrats ne participoient point au pouvoir législatif; ainsi le corps législatif étoit composé de ceux qui ne pouvoient pas entretenir un cheval.

« Ne méprisez-vous pas ce Savetier, disoit Socrate à Alcibiade, dans une occasion où celui-ci avoit tremblé en parlant au peuple ». Sans doute répondit son éléve. — Ce cabaretier vous en impose-t-il: — point du tout. — Craignez-vous ce tapissier: — en aucune façon. — Eh quoi! reprit le Philosophe, le corps du peuple n'est-il pas composé de gens de cet acabit: & si vous ne craignez pas les individus, pourquoi le Corps vous intimide-t-il?

Que pouvoit-on attendre d'un corps législatif

N'ont-elles pas soin de provoquer, d'adopter, de soutenir des formes qui leur assurent la majorité des voix, & la prépondérance des suffrages.

Note du Traducteur.

ainsi composé ? Des dissensions : & celles qui l'agitèrent opérèrent bientôt la ruine de la démocratie.

Solon survéquit à ses loix ; des factions se formèrent, aussi-tôt son départ d'Athènes. Pisistrate se rendit maître des esprits ; il obtint une garde, s'empara de la citadelle, & établit la tyrannie.

Au milieu des troubles qui succédèrent, on vit, il est vrai, quelquefois une ombre de Liberté : le luxe & les richesses hâtèrent la chûte de l'Etat. Périclès & , après lui, Alcibiade flattèrent les vices du peuple, en paroissant réformer les Mœurs. Mais ce n'est point à ces causes qu'il faut attribuer la fin de cette République. Elle ressembloit à un vaste édifice bâti sur le sable ; elle étoit gouvernée par un peuple sans éducation, sans principes & sans frein ; elle étoit donc destinée à éprouver les révolutions convulsives qui l'anéantirent.

SECTION IX.

De la République Romaine.

PASSONS à l'examen de la République de Rome. Nous trouverons, dans son histoire, des preuves multipliées que les Mœurs sont le destin des Empires.

Montesquieu a judicieusement observé, dans son Ouvrage *sur les causes de la grandeur & de la décadence des Romains*, que les Etats périssent plutôt par la dépravation des Mœurs, que par la violation des Loix. Il ne donne pas les motifs de cette opinion ; mais il est clair qu'elle est fondée sur les principes que j'ai déjà établis. La violation des Mœurs sappe les fondemens de la Liberté Civile ; l'infraction des Loix ne fait qu'ébranler une partie de l'édifice.

Dans le premier âge de la République Romaine, il y avoit, dans les Mœurs de ses Citoyens, un principe qui tenoit de la force de Sparte, & de la foiblesse d'Athènes, lequel faisoit jouer tous les ressorts qui pouvoient accélérer son élévation, &, par conséquent, la conduire à sa perte.

Dès le berceau, les Romains aimoient la patrie ; le génie belliqueux du peuple, plus que l'ascendant des habitudes, portoient les pères à inspirer, de bonne heure, ce sentiment à leurs enfans. Il étoit la passion dominante des Romains. Leurs annales en offrent des traits si frappans & si étonnans que nous pouvons à peine les croire.

Ce genre d'éducation n'étoit prescrit par aucune loi; mais les leçons des pères étoient tellement secondées par la Religion, qu'avant la funeste propagation de la doctrine d'Epicure, il étoit sans exemple *qu'un Romain eût violé la foi du serment.*

L'honneur ne se trouvoit jamais en contradiction avec la religion. Leur effet étoit si sûr dans les premiers temps de la République que la note d'infamie fut jugée une peine suffisante pour assûrer l'observation des Loix. *Lorsqu'un coupable étoit cité devant le peuple*, dit Tite-Live, *la loi* VALERIA *ordonnoit seulement qu'il fût déclaré infâme.*

On reconnoissoit sur-tout l'action de la conscience dans cette vertu orgueilleuse qui portoit les Romains à faire le bien sans témoins, & à fuir les applaudissemens. Et voilà ce qui éléve les grands noms de l'ancienne Rome au-dessus des grands noms de tous les autres peuples.

L'égalité des propriétés, la médiocrité des fortunes, la simplicité de la vie furent, en quelque sorte, dans les beaux jours de Rome, des remparts qui défendoient les Mœurs, lesquelles faisoient sa force intérieure, & sembloient assûrer à jamais sa durée.

Mais il y avoit, dans l'esprit même de la République, trois défauts qui contenoient le germe de sa destruction. Tandis que l'arbre fleurissoit & prenoit vigueur, ils en rongeoient la racine.

Le premier fut de n'avoir point de loix sur l'éducation publique. « Si l'on peut, dit Plutarque, blâmer les Législateurs médiocres qui ont » failli sur ce point essentiel, combien ne devons» nous pas censurer la conduite de Numa qui » appellé à la royauté, sur le seul bruit de sa » sagesse, par la voix unanime d'un peuple » ne fit pas de loix sur l'éducation ».

On sent combien il eût été facile de pourvoir à l'éducation des enfans, au moment où la constitution se forma. Il ne fut pas possible, dans la suite, de réparer cet oubli. Il fit perdre à la Liberté ses véritables appuis : les principes devinrent arbitraires, & les vices des parens une espèce d'héritage (1). A Sparte, au contraire, le vice mouroit avec celui qui en étoit infecté.

(1) On peut citer, pour exemple, la famille *Appia Claudia*. Elle avoit donné tant de preuves de son orgueil, de sa sévérité envers le peuple, & de son attachement aux

Le second défaut du peuple Romain fut le désir insatiable des conquêtes. Leur passion pour la guerre naquit de leurs besoins dans un temps où ils n'avoient ni terres ni commerce, & où ils étoient forcés à vivre de rapine. Ce génie belliqueux n'étoit retenu par aucun frein ; aussi firent-ils leur unique occupation des exercices militaires qui, en augmentant leur valeur, augmenta leur férocité.

Ils tentèrent de conquérir le monde, & ils le conquirent ; mais cet Empire ne pouvoit pas subsister. La valeur peut acquérir plus qu'elle ne peut conserver. Le corps étoit trop vaste pour le principe qui devoit le vivifier. Tant d'Ecrivains ont traité cette matière, que je ne m'y arrêterai pas plus long-temps.

La troisième cause de la décadence de Rome fut l'adoption des coutumes étrangères.

Montesquieu a remarqué que « ce qui a le » plus contribué à rendre les Romains les maîtres » du monde, c'est qu'ils ont toujours renoncé

---

droits des Patriciens, qu'on entendoit un murmure s'élever dans l'assemblée, dès qu'un *Appius* paroissoit dans la Tribune aux Harangues. Il commençoit toujours par faire mention des vices qu'on imputoit à sa famille, & souvent son discours prouvoit que ce n'étoit pas sans raison.

Note du Traducteur.

» à leurs usages, si-tôt qu'ils en ont trouvé de » meilleurs ». Mais une observation qui est échappée à ce grand homme, c'est que c'est aussi ce qui a le plus contribué à la ruine de la République.

Dans les premiers temps de la République, ils n'adoptèrent que les usages qui étoient préférables aux leurs; mais, lorsque les Mœurs se relâchèrent, ils adoptèrent également des coutumes pernicieuses.

La corruption des mœurs avertit bientôt les Romains des inconvéniens de l'imitation; ils y remedièrent, en créant des Censeurs.

Ces Officiers avoient une inspection immédiate sur les mœurs; mais il étoit au-dessus de leur pouvoir de détruire le mal dans sa racine, & d'en prevenir les effets. La censure n'avoit prise que sur les délits particuliers qui étoient découverts; mais les cœurs du peuple & des soldats n'en étoient pas moins exposés à la contagion de l'exemple, d'après l'habitude qu'ils avoient contractée d'adopter des usages étrangers.

Les dangers de ce systême s'accrurent avec l'Empire. Cette uniformité de mœurs, d'usages, de principes qui est l'âme d'un Etat libre, fit place à un mêlange confus d'usages, de mœurs & de principes incohérens. Ils puisèrent, chez différens peuples, des idées contradictoires sur la Religion, l'Honneur & la Justice. En s'emparant de la Gréce, ils en prirent le luxe, la molesse & l'irreligion.

« Je crois, dit Montesquieu, que la Secte » d'Epicure, qui s'introduisit à Rome sur la fin » de la République, contribua beaucoup à gâter » le cœur & l'esprit des Romains. Les Grecs en » avoient été infatués avant eux; aussi avoient-» ils été plutôt corrompus. Polybe nous dit que, » de son temps, les sermens ne pouvoient donner » de la confiance pour un Grec, au lieu qu'un » Romain en étoit, pour ainsi dire, enchaîné ». Montesquieu ajoute que « Cynéas ayant discouru » du sytême d'Epicure à la table de Pyrrhus, » Fabricius souhaita que les ennemis de Rome » pussent tous prendre les principes d'une pareille » Secte ».

Si, dans les premiers temps de la Republique, les Romains adoptèrent les vertus des peuples qu'ils subjuguèrent, dans les derniers temps ils prirent tous les vices de ceux qu'ils vainquirent: ainsi, par une gradation imperceptible, ce qui avoit contribué à la grandeur de Rome fut la principale cause de sa ruine.

Ce fut cet esprit d'imitation qui enfanta l'avidité, l'ambition, l'esprit de parti, la licence, les guerres civiles, toutes les causes enfin de la décadence de Rome, dont Monteſquieu a fait un tableau ſi ſublime & ſi rapide.

On peut comparer l'Empire Romain à une vaſte mer qui, jettée hors de ſon lit par des cauſes cachées, ſe répand ſur les terres, les dévaſte, & ſe retire.

SECTION X.

De l'Angleterre comparée avec ces trois Républiques.

QUELQU'INSTRUCTIVE que ſoit en général l'étude de l'hiſtoire, elle peut être la ſource de beaucoup d'erreurs, lors même qu'elle eſt écrite avec vérité & impartialité. Ces erreurs viennent de la fauſſe application des faits, & des jugemens qu'on porte ſur les hommes & les mœurs.

Celui qui raiſonne ſur les intérêts politiques des hommes cite toujours des faits à l'appui de ſes raiſonnemens; mais il eſt d'autant plus ordinaire qu'il ſe trompe ſur le cas particulier qu'il veut prouver, que les rapports politiques ſont les plus compliqués & les plus multipliés de ceux qui èxiſtent entre les hommes.

Il n'y eut jamais de conſtitution politique ſemblable dans tous les points. Ainſi les arguments qu'on tire des unes aux autres ne ſont jamais concluants, quoiqu'ils ſe reſſemblent ſous plusieurs rapports. On voit cependant les politiques inférer souvent de ce que deux Etats ont quelques points de ressemblance, qu'ils peuvent être régis par les mêmes loix.

Examinons quels sont les points essentiels dans lesquels la constitution de l'Angleterre diffère de celle de Sparte, d'Athènes & de Rome.

1° C'est une vérité généralement reconnue que la constitution politique de l'Angleterre est mieux conçue, dans tous ses points, que celle de ces trois Républiques. Le pouvoir législatif, & le pouvoir exécutif y sont mieux balancés, & plus clairement distingués (1). De sorte que, si une constitution politique pouvoit se soutenir par ses propres forces, il seroit difficile de prévoir la fin de celle de l'Angleterre.

---

(1) En Angleterre, le pouvoir législatif appartient collectivement au Roi, à la Chambre Haute, composée des Pairs du Royaume, & à la Chambre des Communes qui contient les Représentants du Peuple : ces deux Chambres forment le Parlement.

Pour porter une loi, un membre des Communes en propose l'objet à cette Chambre ; elle délibère, ou charge un Comité de l'examiner. Après les débats, la discussion & le rapport du Comité, le *bill* est couché par écrit ; il est lu trois fois, dans trois séances différentes ; s'il passe toujours à la pluralité des voix, on le porte à la Chambre Haute qui délibère à son tour ; si les Pairs y font quelqu'addition, correction ou retranchement, il est rapporté aux Communes,

Mais, comme nous avons démontré que la durée des Etats libres dépend moins de la sagesse de leurs loix, que de la conservation des mœurs qui en font toute la force, il est impossible de prononcer sur le sort qu'éprouvera l'Angleterre d'après sa constitution.

2° La Religion Chrétienne, établie dans cet Etat, est d'une nature bien supérieure à celle de Sparte, d'Athènes & de Rome.

Les perfections infinies du Dieu que nous adorons, le grand principe de la charité universelle, l'amour du prochain, la croyance des récompenses ou des peines d'une autre vie exaltent bien plus les âmes que les dogmes du Paganisme.

Les anciens avoient choisi, pour objet de leur

& devient l'objet d'une nouvelle délibération. Enfin, quand les deux Chambres sont d'accord, le bill est présenté au Roi; s'il y donne son consentement, il devient loi ou *acte* du pouvoir législatif.

Le Roi a le droit de dissoudre ou de proroger le Parlement. Sa durée ordinaire n'est que de sept ans; les pouvoirs des Représentants ne sont que pour ce nombre d'années, au bout desquelles il faut procéder à de nouvelles élections.

Le pouvoir exécutif, le droit de faire la guerre ou la paix, les négociations ou traités, l'administration de la justice sont exclusivement confiés au Roi.

Note du Traducteur.

culte, des hommes déifiés qui souvent, pendant leur vie, avoient commis, à la face de l'Univers, les crimes les plus énormes. Rien n'étoit moins propre, sans doute, à élever les hommes au-dessus de leurs propres foiblesses.

Mais, comme les effets que produit la Religion doivent être calculés plutôt d'après l'impression qu'elle fait sur les esprits que d'après son excellence, on ne peut pas précisément dire quelle sera l'influence de la Religion sur le sort de l'Angleterre.

3° Cet Etat n'aura jamais cette union des parties, cette consistance qui faisoit la principale force de la constitution de Sparte. Celle-ci étoit en entier l'ouvrage d'un seul Législateur qui l'avoit, pour ainsi dire, fondue d'un seul jet. Semblable aux rayons d'un cercle, toutes ses institutions aboutissoient à un centre commun.

Mais, lors de la révolution qui fut la première époque de la Liberté en Angleterre, il s'établit des usages & des institutions qui furent l'ouvrage du temps, des circonstances & du hazard. Il en résulta, à des différentes époques, des oppositions & des complots de pouvoir entre les Rois, la Noblesse, le Clergé & le Peuple. Il étoit impossible de refondre ces institutions, de réformer ces usages, sans ébranler les fondemens de l'Etat.

Auſſi, quoique la conſtitution de l'Angleterre ſoit aujourd'hui la meilleure de celles qui exiſtent, elle a eu, dans ſon origine, des côtés extrêmement foibles. Elle n'avoit point cette uniformité de mœurs, d'uſages, de principes analogues au génie de l'Etat qui fut l'âme de la République de Sparte. Elle eſt même encore, ſous ce point de vue, inferieure à celle de Rome; mais elle eſt préférable à celle d'Athènes.

4° Le ſyſtême politique & religieux n'eſt point ſoutenu, comme à Sparte, par l'éducation publique. Les loix fondamentales, les principes de la Religion ne ſont expliqués aux enfans que par occaſion, tantôt d'une manière, tantôt d'une autre. Chaque particulier peut élever ſes enfans, non-ſeulement ſans leur inſpirer du reſpect pour ces loix & ces principes, mais en leur inſpirant, au contraire, le plus profond mépris pour le Gouvernement & la Religion. On ſent combien cela doit être dangereux dans un Etat libre; car, dans un âge où tout s'imprime profondément, on peut pervertir les cœurs, & y graver des principes qui tendent à bouleverſer l'Etat.

5° L'Angleterre eſt au-deſſous de Sparte, & preſque de niveau avec Athènes & Rome, pour l'adoption des uſages étrangers. Le commerce, les voyages nous ont donné de nouvelles manières, de nouveaux principes, de nouvelles modes pour la parure, pour les repas, pour les amusements. Je me féliciterois si mes représentations pouvoient empêcher que cet esprit d'imitation qui a contribué quelquefois au bien de l'État, ne devint une des causes de sa destruction.

La dernière différence que je ferai remarquer entre les anciennes Républiques & l'Angleterre, sera celle des caractères dans les différentes classes de Citoyens.

Dans les anciennes Républiques, il y avoit une différence énorme entre un Noble & un Plébéien, quant aux connoissances & aux lumières. En Angleterre, le Peuple est aussi instruit sur la législation que la Noblesse.

Lorsqu'Alcibiade parloit au peuple Athénien, il avoit pour auditeurs, des savetiers, des cabaretiers, des teinturiers; lorsque le peuple de Rome se retira sur le mont sacré, il fut appaisé par l'apologue de l'estomach & des membres. Un Lord du Parlement se méprendroit étrangement, s'il croyoit trouver de telles gens dans la Chambre des Communes, & qu'il y vint armé d'un apologue pour y faire passer une motion.

Dans les Républiques anciennes, le corps du peuple étoit animé du même esprit, parce que les individus qui le composoient habitoient tous une même ville, & qu'ils exerçoient la même profeſſion. A Athènes, ils étoient tous marchands ou artiſans. A Rome, ils étoient tous ſoldats. Ils avoient donc néceſſairement fort peu de connoiſſances; car elle ne s'acquièrent qu'avec du loiſir; & le genre; de leurs occupations ne leur en laiſſoit pas.

Ces peuples ne votoient point par Repréſentans; ils s'aſſembloient, toutes les fois qu'il y avoit quelqu'affaire publique à décider. Un peuple nombreux, ignorant, & enflé de ſon pouvoir devoit être facilement ébloui & entraîné par l'éloquence des Orateurs.

Le peuple d'Angleterre n'a pas cette conformité de caractère. On peut le diviſer en deux claſſes, le peuple du Royaume, & la populace des Villes.

La populace des Villes reſſemble à celle d'Athènes, excepté qu'elle ne poſſède pas le pouvoir légiſlatif; car la populace d'Athènes étoit un corps d'ouvriers ignorans, ſans éducation, ſans frein & ſans principes.

Le peuple du Royaume eſt bien différent. Sous ce titre, il faut comprendre tous ceux qui ſont nommés *Repréſentans* pour les provinces au Parlement, c'eſt-à-dire les propriétaires de terres, d'une naiſſance honnête, les bénéficiers de province, les négocians, les principaux marchands, les riches cultivateurs, & les francs-tenanciers.

Le corps du peuple, malgré tous ses défauts, ne ressemble pas plus à la populace des Villes, que l'air d'un Vaudeville à l'ouverture d'un superbe Opéra.

SECTION XI.

Des Mœurs & des Principes à l'époque de la révolution.

IL est évident qu'à l'époque de la révolution, les Mœurs & les Principes tendoient à l'établissement de la Liberté. Sans leur secours puissant, cette réforme, la plus heureuse qui ait jamais été faite dans un Etat, n'eût pu avoir lieu.

Les Principes du protestantisme semblent être nés de l'amour de la Liberté ; car l'autorité des Papes n'étoit guères moins à craindre que le pouvoir arbitraire (1).

L'Honneur national, la Conscience & la Religion n'ayant plus qu'un même but, ont assis

---

(1) Il faut se rappeller quelle étendue de pouvoir les Papes s'arrogeoient autrefois. Ils déposoient les Souverains, & délioient leurs Sujets du serment de fidélité. La révolution qui réunit sur la tête des Rois d'Angleterre l'autorité Ecclésiastique, commença par l'excommunication que Clément VII lança contre Henri VIII, parce qu'il avoit répudié Catherine d'Arragon sa femme, pour épouser Anne de

la Liberté sur le trône, & il n'y a que la desunion de ces trois Principes qui puissent l'en faire descendre.

Cependant la réunion de l'autorité civile & ecclésiastique sur la tête du chef de la Nation, n'a pas produit les grands effets qu'on devoit en attendre. Cela peut étonner les esprits superficiels; mais ceux qui réfléchiront sur les Mœurs de ce temps-là, conviendront que les troubles & les divisions momentanées qui se sont élevés depuis cette époque, étoient absolument inévitables.

Il régnoit, parmi certains esprits, une licence extrême; l'espoir d'acquérir des richesses, ou du pouvoir, donna lieu aux factions que formèrent des hommes déjà pervertis par l'exemple d'une Cour corrompue. On ne s'occupa point du tout de l'éducation publique. Cette grande révolution se borna à la réforme de quelques institutions, comme si le premier & le plus grand secret de la politique n'étoit pas de s'emparer de l'esprit

---

Boulen; après sa mort, l'Archevêque Crammer acheva d'établir le protestantisme, sous la minorité d'Edouard VI. Marie, qui lui succéda, employa tout, jusqu'à la cruauté, pour rétablir la Religion Catholique; mais, après sa mort, Elisabeth se fit déclarer protectrice de la Religion, & consomma l'ouvrage de Henri VIII.

Note du Traducteur.

des générations naissantes, & de le porter vers le but qu'elle veut atteindre.

Quoique la Religion vînt à l'appui de la nouvelle constitution, elle servoit aussi à la combattre. Un corps nombreux de Papistes attaquoient le Gouvernement & la Religion dominante, en professant une doctrine opposée à leurs principes.

Un autre corps, composé de Protestants *Jacobites*, s'élevoit aussi contre le Gouvernement; ils soutenoient que les droits du Roi étoient héréditaires & inaliénables. Un troisiéme corps avouoit les avantages de la révolution; mais il prétendoit qu'il n'y avoit qu'une abdication (1) qui pût la rendre légitime; que le corps ecclésiastique étoit indépendant; qu'il falloit établir l'intolérance religieuse, & qu'une obéissance aveugle & sans borne étoit prescrite par quelques passages de l'Evangile qu'ils défiguroient.

Un quatriéme corps, composé de quelques

---

(1) Tout ceci se rapporte à l'histoire de Jacques II. Après la mort tragique de Charles premier, son père, ce Prince, alors duc d'York s'étoit réfugié en France, où il embrassa la Communion Romaine. Après l'expulsion du fils de Cromwel, Charles II fut rappellé au trône de son père. Le duc d'York le suivit en Angleterre, & lui succéda sous le nom de *Jacques II*. Il essaya d'y rétablir la Religion Catholique. Il donna même, en 1687, un Edit par lequel

bigots non conformistes, ne se contentoit pas de la tolérance religieuse qui lui avoit été justement accordée; ils vouloient encore établir leur doctrine particulière sur les ruines de la Religion dominante. On sent combien cette diversité d'opinions étoit funeste à la Liberté.

L'honneur étoit tantôt favorable tantôt contraire à la Religion. Ce principe est, comme on le sait, une émanation de l'esprit militaire qui n'apprécie jamais les actions selon leur justice, mais selon leur éclat. Aussi l'honneur traine-t-il toujours, à sa suite, le mépris pour ceux qu'on a à combattre, la soif de la vengeance, & l'esprit de corps.

Il arrivoit quelquefois que l'honneur prescrivoit ce qui étoit défendu par la Religion, & qu'il prohiboit ce qu'elle ordonnoit. Ce principe étoit donc devenu nuisible à la Liberté. Ses funestes effets, joints à ceux des Mœurs licencieuses qui régnoient alors, ne furent rien moins

il accorda la pleine liberté de conscience; ce qui excita quelque mécontentement parmi les Anglois qui appellèrent Guillaume, Statouder de Hollande, son gendre. Il fut proclamé Roi, avec Marie son épouse en 1688. Guillaume étant mort sans postérité, Anne, fille de Jacques II, mais de la Religion Protestante, lui succéda en 1702. Son père étoit mort, l'année auparavant, à S.-Germain-en-Laye. Son fils, le Prétendant, se retira à Rome.

que les animosités, les factions qui s'élevèrent dans ce même temps, & qui ont duré pendant tant d'années.

D'après ce que j'ai déjà établi, la voix de la conscience ne pouvoit pas corriger les abus des deux autres Principes ; elle en éprouvoit, au contraire, l'influence, & obéissoit à celui qui se trouvoit le plus fort. Or, comme il étoit impossible de les concilier sur plusieurs points, il s'en suivoit que les notions de juste & d'injuste, de bien & de mal qui en dérivent, ne présentoient à l'esprit qu'un assemblage pénible d'idées disparâtes, de résultats contradictoires.

Telle fut la cause des troubles qui agitèrent le régnes du Roi Guillaume & de la Reine Anne.

Qu'on cesse donc de s'étonner de ce que ce beau systême de Religion & de Politique, cette admirable constitution qui réunit le Sacerdoce à l'Empire, n'a pas rendu tous les Citoyens vertueux, & l'Etat tranquille. C'est une preuve irrésistible du funeste ascendant des Mœurs établies, & des opinions déjà reçues, lorsqu'elles sont en contradiction avec les loix de la Liberté.

SECTION XII.

Des Mœurs & des Principes, dans les temps qui suivirent la révolution.

L'AVÉNEMENT de Georges premier au trône d'Angleterre a été l'époque de la Liberté parfaite. Si un grand Roi & une constitution dont nulle autre n'approche suffisoient pour assûrer à un peuple une Liberté éternelle, la nôtre eut été assise, dès ce moment, sur des bâses inébranlables.

Les Mœurs licencieuses, & les Principes contradictoires qui avoient troublé les régnes précédens, conservoient encore quelqu'influence; mais ceux qui s'étoient montrés, hautement & avec le plus de zèle, les défenseurs de la Liberté tenoient en main les rênes du pouvoir, & commençoient à combattre, avec plus de succès, les principes destructifs du bon ordre.

Que la Religion & les Vertus privées ne leur ont-elles été aussi chères! Ils n'eussent point sappé, de leurs propres mains, les fondemens du temple superbe qu'ils élevoient à la Liberté.

Le levain de l'irreligion avoit fermenté sourdement depuis quelques années; ses effets n'étoient point encore sensibles. Bientôt le mal se déclara, & ses progrès furent aussi prompts que terribles (1).

Le Clergé & ses partisans soutenoient toujours la nécessité d'une soumission absolue, & l'indépendance du corps Ecclésiastique. Le Gouvernement excita quelques Ecrivains à combattre ces prétentions, & à les livrer au mépris public. L'attaque fut vive, les fauteurs du despotisme furent terrassés ; mais les coups portés à la tyrannie atteignirent aussi la Liberté.

Parmi les Ecrivains, les uns défendoient la Liberté Civile ; les autres soutenoient la Liberté d'opinions ; mais les conséquences ultérieures de tous leurs raisonnemens tendoient à affoiblir les Principes qui seuls peuvent protéger la Liberté. En s'élevant contre la superstition, ils détruisirent toute espèce de croyance. Leurs argumens contre l'intolérance pouvoient bouleverser toutes les institutions publiques.

Les institutions religieuses furent sur-tout l'objet de leurs plaisanteries ; ils annoncèrent hautement leur mépris pour toutes les opinions, ou, si on le veut, les préjugés qu'on inspire aux en-

---

(1) Il est étonnant que Burnet, dans la conclusion de l'histoire de son temps, n'ait pas compté l'irreligion au nombre des maux qui menaçoient l'Etat en 1708.

Note de l'Auteur.

ſans, pour leur ſervir de guide dans le cours de la vie. Ils étendirent l'empire de la Raiſon bien au-delà des bornes que la Nature lui a preſcrites; & ils tournèrent en ridicule tous les moyens que la ſageſſe & l'expérience ont conſacrés à en régler les vacillations.

Pendant que les Auteurs ébranloient, peut-être ſans le ſavoir, les fondemens de la Liberté, d'autres lui portoient des coups bien plus funeſtes. Ils attaquoient hautement le Chriſtianiſme, & ouvroient ainſi toutes les portes à la Licence.

C'eſt avec douleur qu'on voit au rang de ces ennemis de la Patrie, le ſublime Auteur des *Caractères* (1). Sa morale étoit pure, ſon amour pour la Vertu & la Liberté inconteſtables; mais il aſſaiſonna ſes raiſonnemens contre l'intolérance de railleries contre la Religion; & les confondit enſemble, parce qu'elles ſe trouvoient accidentellement réunies.

Ses ſaillies immodérées ſervent à prouver quels étoient alors les Principes reçus, puiſqu'on tournoit impunément en ridicule les opinions religieuſes, & qu'on préconiſoit la Raiſon comme un guide ſuffiſant pour nous conduire dans le chemin de la Vertu.

(1) Le Comte de Shaftesbury, mort en 1713.

Cet ingénieux Ecrivain prétend excuser sa conduite & celle de ses imitateurs, en citant l'exemple de la Gréce & de Rome. Là, dit-il, « la » Philosophie avoit un libre cours; elle servoit » de contre-poids à la superstition; tandis que » les Pythagoriciens & les Platoniciens donnoient » de nouvelles forces à la superstition & au » fanatisme, on applaudissoit aux Epicuriens, » aux Académistes, & à tous ceux qui les dévouoient à la risée publique ».

Je doute que l'Auteur des *Caractères* se fût servi de cet exemple, s'il se fût rappellé l'observation que Fabricius fit sur le systême d'Epicure; qu'*il souhaitoit que tous les ennemis du Peuple Romain pussent prendre les principes d'une pareille Secte*, ou qu'il eût remarqué que Rome & les états de la Grèce étoient corrompus, & sur le point de leur ruine, lorsque le systême impie d'Epicure parvint à s'y introduire.

Après l'Auteur des *Caractères*, un Ecrivain plus dangereux encore se présenta dans la lice: c'étoit l'Auteur de la *Fable des Abeilles*. Son systême étoit entièrement opposé à celui du Lord Shaftesbury. Celui-ci prenoit pour bâse la bonté naturelle de l'homme, celui-là son incurable dépravation. L'esprit d'irreligion se montroit alors sans ménagement, & les productions les plus extravagantes étoient accueillies, dès qu'elles attaquoient le Christianisme.

L'avidité du Public pour ces sortes d'ouvrages échaufferent d'autres Ecrivains. On vit paroître, sur la scène, Wolston, Morgan, Lord Bolin-Broke qui, tout en protestant qu'ils abhorroient quiconque attaquoit la Religion dominante, ne laissoient pas de travailler de toutes leurs forces à la renverser.

Le dernier de ces bons Patriotes, dans notre siécle, a été l'Auteur des *Essais Philosophiques & Moraux*, qui, dédaignant d'attaquer quelque partie du systême religieux, a détruit toutes les bâses de la Religion naturelle & révélée, & enlevé, d'un trait de plume, les remords aux coupables, les consolations aux malheureux, & les récompenses aux sages.

On ne peut pas dire que le mal se soit propagé à l'insçu des Magistrats, puisqu'il est notoire que quelques uns de ces Ecrivains ont été pensionnés du Gouvernement, & qu'il a encouragé les autres. Quel effet a produit cette politique? Le voici:

On n'avoit lâché ces Ecrivains que contre les ennemis de la Liberté; mais, en attaquant les faux principes de leurs adversaires, ils ont absolument détruit toute espéce de principes.

Un Ministre célébre tint long-temps les rênes

du Pouvoir. Ses ennemis ont débité, mais sans fondement, qu'il avoit eu le projet d'asservir son pays, & qu'il étoit naturellement porté à corrompre les principes du Gouvernement. Il est cependant vrai qu'il aima mieux se prêter à cette corruption que de se démettre; mais peut-être pensoit-il que ce systême fût le seul qui, dans les circonstances présentes, pût étayer cette famille illustre (1) qu'on regardoit comme les colonnes de la Liberté. Peut-être pensoit-il que c'étoit le seul moyen possible de prolonger une paix qu'il jugeoit nécessaire, jusqu'à ce que la destruction des faux principes eût anéanti l'influence qu'avoit la famille expulsée (2) sur l'esprit du Peuple. Quels qu'ayent été ses motifs, il est certain non-seulement qu'il a souffert mais encore qu'il a voulu que les ouvrages de ces Ecrivains vissent le jour. Ainsi la Religion, qui est toujours amie de la Liberté, fut traitée comme si elle eût été sa corruptrice ou son ennemie.

A cette même époque, le commerce, la cupidité, le luxe faisoient de grands progrès, & tendoient aussi à détruire les Mœurs & les Principes. De proche en proche, la corruption avoit gagné tous les Etats, & elle étoit à son dernier

---

(1) Guillaume III & ses successeurs.

(2) Le Roi Jacques & le Prétendant.

dégré à la mort du Ministre dont les fausses combinaisons en avoient été les premières sources.

On ne s'apperçut pas d'abord des conséquences de son systême. Ce ne fut que vers l'an cinquante-sept que la crise se fit sentir au point d'allarmer tous les bons Citoyens sur le sort de l'Etat.

La nécessité, cette maîtresse impérieuse, réunit tous les partis, & rendit à l'Etat toutes ses forces, pour le moment. Mais, d'après ce que nous avons établi, il faut s'attendre à voir renaître les factions, aussi-tôt que le danger sera passé.

Il y a cette différence des régnes du Roi Guillaume & de la Reine Anne au temps présent, qu'alors les factions se formoient, parce qu'on avoit de faux principes, & que, s'il s'en forme aujourd'hui, ce sera parce qu'on n'a aucun Principes.

Les fausses interprétations de l'Ecriture, sur lesquelles les Jacobites, les Torrys, les Dévôts non conformistes fondoient leurs prétentions & leurs disputes, sont tombées dans un mépris universel. Les principes favorables au despotisme sont absolument détruits, même dans l'esprit du Clergé ; car les Evêques, ayant été serrés de près par les Défenseurs de la Liberté, ont professé une doctrine conforme au génie de l'Etat.

Avec quelques ménagemens qu'ils ont exigés, & qu'on a eus pour eux, le corps Eccléſiaſtique eſt devenu auſſi chaud partiſan de la Liberté qu'il en étoit l'ennemi.

Il ſeroit à ſouhaiter que l'yvraie n'eût pas étouffé le bon grain. Cependant les Mœurs ſe ſont relâchées en s'épurant. L'éducation eſt de plus en plus négligée ; la Religion eſt détruite dans une certaine claſſe de Citoyens ; elle eſt fort affoiblie dans les autres. L'honneur n'a d'autre régle que ſes déciſions fauſſes & arbitraires. La conſcience ſuit deux guides qui s'égarent. Ainſi la Licence & les Factions doivent être le partage de notre ſiécle.

SECTION XIII.

Dans quelles claſſes de Citoyens les Factions doivent le plus probablement s'élever.

QUOIQUE l'oubli des Principes livre toutes les claſſes de Citoyens à la Licence, il en eſt cependant qui ſont plus expoſées à la contagion que les autres.

Il eſt conſtant que tous les hommes naiſſent avec les mêmes penchans, & que leur détermination pour le Vice ou la Vertu dépend des tentations auxquelles leur rang les expoſe. Je puis donc dire, sans craindre d'offenser personne, que les Factions se forment le plus ordinairement dans les classes élevées.

La richesse & le pouvoir portent à une grande complaisance pour soi-même, laquelle irrite naturellement les désirs & les passions. La flatterie fait naître l'orgueil, & l'orgueil diminue la crainte salutaire de la honte.

Les loix qui enchaînent le Peuple sont souvent de trop foibles liens pour les Grands (1). Le loisir, quand il n'est pas rempli par de nobles occupations, dégénère en oisiveté, & l'oisiveté est la nourrice de la Licence. Voilà, quant aux Mœurs, à quoi les Grands sont exposés.

Passons aux Principes : les opinions irreligieuses flattent leurs passions désordonnées, & la Religion est tellement décriée parmi les personnes que les jeunes-gens de qualité fréquentent, qu'il seroit singulièrement heureux qu'ils échappassent à la contagion chez tous ceux qui en sont atteints. L'honneur & la conscience ont des régles très-équivoques ; ils peuvent mettre dans leur

(1) Anacharsis les comparoit aux toiles d'araignées qui arrêtent les petits insectes, tandis que les gros passent à travers. *Plutarq.*

conduite une certaine délicateſſe ; mais ils ne ſont jamais animés par l'amour du bien public.

Une autre cauſe qui nuit aux vertus publiques chez les Grands, c'eſt qu'ils doivent naturellement prétendre aux charges lucratives de l'Etat. Il eſt inutile de dire combien le déſir d'y arriver, ou la honte d'avoir échoué, les entraîne à former des Factions, ou à s'engager dans des Partis.

Ajoutez à cela leur ſéjour long & fréquent dans la Capitale, où la facilité, la liberté des communications donnent une énergie terrible aux cauſes qui produiſent des diſſenſions.

La claſſe abſolument oppoſée a également des tentations qui la pouſſent vers la licence, lorſque le frein de la Religion ne la retient pas.

La populace eſt expoſée au beſoin, qui produit infailliblement le mécontentement & l'envie. Elle ſe livre d'autant plus facilement au libertinage, qu'il lui eſt plus aiſé de cacher ſes deſordres. Elle eſt incitée par le mauvais exemple, & enflammée par des boiſſons enivrantes. Ainſi la vie de la populace, dans laquelle il ne faut pas comprendre les Artiſtes honnêtes, eſt un composé de débauche, de querelles, de brigandage, & de déſeſpoir.

Et, comme de tels hommes ſont néceſſairement ignorans, il s'en suit qu'ils peuvent être très-facilement entraînés par l'éloquence artificieuse de ceux qui ont intérêt à les séduire & à exciter quelque sédition.

Mais le Peuple de la grande Bretagne est, comme je l'ai dit plus haut, d'un caractère très-différent.

Les bourgeois, les propriétaires, les bénéficiers de province, les gros marchands, les négocians, les francs-tenanciers tiennent dans la Société un état mitoyen qui les préservent des écarts auxquels sont exposés les premières classes & les inférieures.

Ils ont moins de besoins factices que les Grands; leurs besoins réels sont moindres que ceux de la Populace. Aussi leurs désirs sont-ils plus bornés. Leur éducation, quoiqu'imparfaite, seconde cette heureuse position; elle est plus analogue au génie des loix que celle de la Noblesse & du bas peuple; ils ont plus de respect pour la Religion; leurs sentimens d'honneur & de probité sont communément fondés sur leur croyance.

Leurs professions & leur nombre les empêchent d'aspirer aux grandes places. Ils sont trop instruits pour ne pas sentir les funestes conséquences de la Licence; leur éloignement réciproque, & leur vie active empêche ces fréquentes assemblées qui ne peuvent qu'être fatales aux vertus publiques (1).

Ce n'est pas qu'il n'y ait, dans toutes les classes, des exemples de Vice ou de Vertu, d'intégrité ou de dépravation. J'ai voulu seulement indiquer les différences caractéristiques de chaque classe.

Il suit, de ces observations, que le Peuple du Royaume doit avoir quelque chose des Mœurs des Grands & de la populace, en raison des relations qu'il a avec ces deux classes, & que, malgré qu'il soit exposé aux foiblesses attachées à l'Humanité, cependant, considéré comme corps collectif, il est moins susceptible qu'elles de se livrer à la Licence & à l'esprit de Parti.

Il ne faut pas oublier une conséquence qui suit de l'éloignement réciproque de ceux qui composent le Peuple. Non-seulement il les préserve de la corruption, mais encore il prévient leur réunion subite. Quoiqu'ils seroient disposés à

---

(1) Telle est, dans tous les Etats, cette portion de Citoyens qu'en France on nomme *Tiers-Etat*, en Angleterre *les Communes*; c'est parmi eux qu'on trouve la bonhommie jointe à la valeur, la modestie avec ses talens, & un amour ardent pour la Patrie, avec le sentiment des injustices qu'elle commet, à son préjudice, en faveur de quelques autres classes.

Note du Traducteur.

prendre

prendre parti sur les clameurs factieuses de la Capitale, ils ne peuvent se mettre en mouvement que dans des occasions extraordinaires.

Concluons que notre Liberté, & le sort de la Nation dépendent absolument de l'usage qu'on fera des grands moyens que notre Constitution présente à ceux qui ont en main les pouvoirs législatif & exécutif. Dans le siécle passé, l'influence de quelques faux principes avoit ébranlé l'Etat; puisqu'ils n'existent plus, nous devons espérer que ces grands moyens deviendront le plus ferme rempart de la Liberté Britannique.

SECTION XIV.

Des moyens les plus propres à découvrir les Factions.

QUAND une Faction s'est formée, parce que ses Auteurs ont des principes faux, on peut facilement la découvrir, elle ne suppose pas une dépravation morale, mais seulement une erreur de l'esprit. Celui qui est dans cette erreur ne la cache pas; il la publie hautement, parce qu'il croit que c'est une vérité.

Mais, lorsqu'une Faction s'est formée, parce que ses chefs n'ont point de principes, il n'est pas aussi facile de la découvrir, elle a pour cause une dépravation de Mœurs qui se tient sur ses gardes, & qui, pour en venir à son but, prend le masque de la Liberté.

Les clameurs des Factieux ont ordinairement pour objet la conduite du Gouvernement. Dans un pays où la Liberté est la première des propriétés nationales, le prétexte le plus ordinaire, pour former un parti, est d'accuser ceux qui sont chargés du pouvoir exécutif de viser au despotisme.

Il y a souvent, dans l'Administration d'un grand Etat, des opérations dont l'utilité paroît douteuse. C'est un vaste champ ouvert aux contestations politiques. Les bons Citoyens diffèrent quelquefois de sentiment sur ces opérations; aussi les chefs de parti s'attachent-ils à les critiquer, parce qu'elles leur présentent un moyen sûr de semer la dissension, sans paroître ennemis de la Liberté.

Il est difficile alors de décider par la nature seule des opinions de chaque Citoyen, quels sont les amis de la Liberté, quels sont les moteurs des Factions, puisqu'il peut y avoir différentes opinions, même entre les bons Citoyens.

Mais on peut se déterminer par la conduite des différens partis. Ceux qui aiment la Liberté sont honnêtes, justes & discrets dans le choix des moyens qu'ils employent pour réussir; ceux qui sont agités par l'esprit de parti doivent être injustes, malhonnêtes & fougueux.

Tâchons d'établir les différences caractéristiques qui peuvent faire distinguer ceux qui sont animés par l'amour de la Liberté d'avec les Factieux.

SECTION XV.

Des caractères distinctifs de l'esprit de Liberté.

Les caractères auxquels on reconnoît ceux qui sont animés de l'esprit de Liberté, lors même qu'ils diffèrent entr'eux, sont si frappans que chacun de ces caractères, pris à part, pourroit être décisif. Mais, pour ne point se tromper, il faut observer s'il s'en trouve plusieurs réunis; car alors ils doivent opérer une pleine conviction par le secours qu'ils se donnent mutuellement.

1° Celui qui sera animé de l'esprit de Liberté fera tous ses efforts pour conserver une juste balance entre le pouvoir législatif & le pouvoir exécutif. Il agira, d'après ce principe, que la distinction de ces deux pouvoirs est la sauvegarde de la Liberté.

2° Il tâchera d'arriver à son but, sans égard

à des intérêts particuliers auxquels il préférera toujours le bien public.

3° Il sera ferme & conséquent dans ses discours, & dans ses actions, parce qu'il est impossible d'opérer le bien public, sans des principes clairs, & une conduite irreprochable.

4° Il ne cherchera point à aigrir contre le Gouvernement une populace qui, sous tous les rapports, est incapable de juger ses opérations.

5° Ses discussions, soit de vive-voix soit par écrit, ne contiendront jamais d'imputations injurieuses contre ceux qui seront d'un avis opposé. La vérité & l'ordre public étant son unique but, il reconnoîtra que d'autres ont le droit d'approuver, comme il a celui de desapprouver les opérations du Gouvernement.

6° Il ne cherchera point à déprimer ou à décrier ses Adversaires, parce que la calomnie contre les individus est bien plus dangereuse, bien plus nuisible que celle qu'on se permet contre un corps, & qu'elle est absolument inutile à la défense de la cause qu'on a embrassée.

SECTION XVI.

Premier caractère de l'esprit de Faction.

QUOIQUE les Factieux ayent soin, comme nous l'avons déjà dit, de paroître bons Citoyens, & de se montrer parmi les défenseurs de la Liberté, il sera facile de les reconnoître aux caractères suivans, qui sont absolument opposés à ceux de l'esprit de Liberté.

Les chefs de Faction, qui sont ordinairement dans les premiers Ordres de l'État, tendent toujours à établir l'Aristocratie, & à sacrifier le Prince & le Peuple à leur ambition & à leur avarice.

S'il existoit une classe de Citoyens qui, ayant été très-puissants autrefois, en eussent abusé pour gêner, pour accabler l'Autorité Royale; qui, en menaçant le Prince d'une défection totale, l'eussent forcé à suivre leurs volontés; qui eussent usurpé par ce moyen les droits de la Couronne, & qui les eussent fait servir à soutenir leur crédit & leur autorité, plutôt qu'à opérer le bonheur public (1);

(1) Qu'on se rappelle tout ce qui s'est passé en France sous Henri III, au commencement du régne de Henri IV,

Si cette classe de Citoyens eût sacrifié les intérêts du Peuple, ou si elle eût rendu ses droits nuls, par des combinaisons aristocratiques; si les membres des Communes, au lieu d'être les libres représentans du Peuple, n'eussent été le plus souvent que de simples députés dévoués à des chefs dont ils exprimoient les sentimens;

Si cette classe de Citoyens, après avoir perdu son crédit & son influence dans les affaires d'état, eût attaqué les prérogatives de la Couronne comme des instrumens de despotisme, quoique le vœu général les eût conférées au monarque pour la sûreté publique;

Si cette classe cherchoit à porter les droits du Peuple au-delà des bornes que la constitution leur prescrit, & que, sous prétexte d'appuyer ses réclamations, elle cherchât à recouvrer le pouvoir exorbitant qu'elle avoit usurpé, & que, pour y réussir, elle abusât de son ascendant sur le grand nombre de personnes qui sont dans sa dépendance, certes cette classe seroit animée par l'esprit de faction?

---

sous la minorité de Louis XIII, & sous celle de Louis XIV, & il ne sera pas difficile de trouver, dans notre propre Histoire, la preuve des vérités avancées par l'Auteur.

Note du Traducteur.

SECTION XVII.

Second caractère de l'esprit de Faction.

Les chefs de faction attaquent les Agents du Gouvernement, lorsqu'ils ne peuvent attaquer ses opérations.

Il faut donc regarder comme animés de l'esprit de faction des Citoyens qui, lorsqu'ils avoient le pouvoir en main, se sont mutuellement soutenus dans toutes les discussions politiques, & qui ont traité comme traitres à la Patrie tous ceux qui ont embrassé, sur le plus léger article, une opinion différente de la leur.

Et si, après une révolution heureuse dans le systême du Gouvernement, un Monarque généreux eût essayé de réunir les honnêtes-gens de tous les partis, & les eût invité de concourir avec lui au bien public; si quelques-uns d'eux l'eussent menacé de séparer leurs intérêts des siens; & qu'en les prenant au mot, il les eût privés du pouvoir qu'ils avoient usurpé; si, sur cela, les clameurs d'une populace qui leur étoit dévouée eût forcé le Souverain à leur faire des propositions à l'acceptation desquelles ils eussent mis des conditions déraisonnables, exorbitantes, oppressives; qu'ils eussent exigé, par exemple, le rétabliſſement de tous les mécontents, & la deſtitution de tous ceux qui étoient en place, quoique leur intelligence & leur fidélité fuſſent univerſellement reconnues, ne faudroit-il pas avouer que de tels Citoyens ont été des Factieux.

SECTION XVIII.

Troiſième caractère de l'eſprit de Faction.

CEUX qui ſont dirigés par un eſprit de Faction ſont inconſéquents, & ſe trouvent ſouvent en contradiction avec eux-mêmes, non-ſeulement dans des cas différents, mais dans des hypothèſes abſolument ſemblables.

Suppoſons qu'un Officier de l'Etat obtienne l'exercice de quelque privilége; qu'il en jouiſſe paiſiblement, & que ſon ſucceſſeur l'obtienne également; s'il ſe forme une cabale contre lui, à raiſon de ce privilége, n'eſt-il pas clair que ceux qui approuvent & déſapprouvent ainſi tour-à-tour la même choſe ſont des inconſéquents; & cette contradiction ne ſuffit-elle pas pour faire voir qu'ils ſont dirigés par l'eſprit de parti, même ſans examiner ſi le privilége a été juſtement ou injuſtement accordé (1).

(1) Ceci mérite quelques diſtinctions. La première eſt que, lorſque l'exercice de ce privilége a été accordé, rien

Supposons encore que le Gouvernement use, pour diriger les esprits dans toutes les classes possibles, d'un moyen qui auroit été employé par des Citoyens chargés autrefois de l'administration, & que ceux-ci représentent ce moyen comme un instrument de despotisme, lors même qu'il s'en servent encore à l'égard de leurs partisans, peut-on nier qu'ils ne soient dirigés par l'esprit de Faction.

---

ne s'opposât aux réclamations, comme le pouvoir excessif de celui qui l'avoit obtenu, l'absence de ceux qui auroient pu réclamer, &c. La seconde qu'il n'y ait point eu de changement dans l'ordre des choses, en sorte que ce qui étoit utile le soit encore, ou même ne soit pas devenu dangereux. Il faut user sobrement d'un principe qui tend à rendre impossible la réformation des abus.

Note du Traducteur.

SECTION XIX.

Quatrième caractère de l'esprit de Faction.

Les chefs de Faction aigrissent & échauffent la populace contre ses chefs légitimes.

Une populace aveugle & sans frein, telle qu'est sur-tout celle de la Capitale, a toujours été l'instrument dont se sont servis, avec succès, ceux qui, dans les grandes discussions politiques, n'ont vu d'autre moyen de l'emporter qu'une sédition.

Cet instrument seroit terrible, si les Factieux pouvoient confondre le Peuple du Royaume, qui est, comme nous l'avons dit, éclairé & réglé dans ses mœurs avec la populace des villes qui est débauchée & sans principes; s'ils pouvoient réussir à faire passer les clameurs de la populace pour la voix du Peuple.

Les fureurs d'une populace, à qui l'on fait inspirer un peu de vanité, se montre sous toutes sortes de formes.

Un Libelle est-il légalement condamné au feu comme séditieux, elle va l'enlever de dessus le bûcher, & ceux qui l'ont porté à cet acte de démence publient que l'Ecrit a été conservé *par les mains du Peuple.*

Quelque Factieux se permet-il de fronder en public les opérations du Gouvernement, & harangue-t-il la populace, elle le regarde comme un bon Patriote ou un Héros. Et il a l'effronterie de se faire appeller l'*Ami du Peuple.*

Si quelque personnage distingué se fait l'apologiste du Gouvernement, on le peint à la populace comme l'ennemi de la Patrie, & l'on publie ensuite qu'il est l'*Exécration du Peuple.*

Tout acte de législation qui contrarie les passions de la multitude, ou les intérêts de ses chefs, devient l'objet d'une diffamation. Elle crie qu'il est arbitraire & désastreux ; & ceux qui sont à la tête de la Faction disent audacieusement que cet acte est rejetté *par la voix du Peuple.*

Si l'on inséroit, dans les papiers publics qui circulent de la Capitale dans les Provinces, tout ce que les passions, les intérêts ou les animosités particulières peuvent suggérer, ils deviendroient des répertoires de calomnies ; comme le méchant est toujours plus prompt à accuser, que l'innocent à se défendre, les calomnies pourroient souvent influer sur l'opinion publique, & ceux qui en auroient été les auteurs diroient qu'elles sont l'expression *des sentimens du Peuple.*

Ainsi, quand la Licence favorise l'accroissement

d'une Faction, elle devient un colosse monstrueux dont les Grands sans principes forment la tête, & la populace sans frein le corps & les membres.

SECTION XX.

Cinquième caractère de l'esprit de Faction.

LES Fauteurs des Factions répandent, sans ménagement & sans distinction, des bruits injurieux contre ceux qui ne sont pas dans leur parti.

Quand on a semé, parmi la populace, la sédition & la révolte, les chefs des Factieux n'oublient pas de répandre sur leurs adversaires les traits envenimés de la calomnie.

S'ils ont autrefois soutenu quelque faux principe qui depuis soit ou tombé dans l'oubli, ou généralement regardé comme ridicule, les Factieux cherchent à le faire revivre; ils en font un phantôme effrayant pour la populace, & même pour le peuple. Cette manœuvre est peut-être le signe auquel il est le plus facile de reconnoître l'esprit de Faction.

Chercher à faire renaître des animosités que le temps a détruit, semer la division entre les Sujets d'un Souverain, quand le bien public exige qu'ils soient réunis; décrier sans ménagement des personnes à qui leur naissance semble promettre la confiance publique, des emplois, des dignités, telle est encore la marche des chefs de Faction.

Si ceux qui appellent *Jacobites* ou *Torys* quiconque est de l'avis du Gouvernement, donnoient autrefois ces noms à quiconque n'en étoit pas : c'est une preuve qu'ils sont animés par l'esprit de Faction.

Enfin, si des hommes qui auroient été Royalistes prenoient le parti de l'opposition, ou que d'opposants ils devinssent royalistes, & qu'ainsi ils blâmassent ce qu'ils avoient approuvé, & approuvassent ce qu'ils avoient blâmé, ces variations démontreroient sans doute qu'ils ne sont dirigés que par un esprit de Faction, quelque prétexte qu'ils prissent pour les colorer.

J'ajouterai, pour les faire mieux connoître, qu'ils cherchent toujours à insinuer que le Prince voudroit les avoir pour Ministres ; jactance aussi odieuse que méprisable de la part de gens dont les principes tendent à ruiner son autorité, & à bouleverser l'Etat.

SECTION XXI.

Sixième caractère de l'esprit de Faction.

LES Factieux cherchent à déprimer par toutes sortes de calomnies les chefs du parti opposé.

Un ancien Ecrivain a judicieusement observé qu'*il y a guerre éternelle entre les bons & les méchants*. Cependant la manière dont ils en usent à l'égard les uns des autres est fort différente.

L'honnête-homme n'attaque jamais volontairement la réputation d'autrui ; le méchant, au contraire, fait ses délices de la détruire. Des imputations équivoques, des impostures hardies, des accusations de crimes secrets & imaginaires, telles sont les armes ordinaires des diffamateurs adroits.

Quel vaste champ pour des chefs de Factions qui ne peuvent jamais être en butte à la calomnie.

Si l'on imputoit à un Roi, dont toute la vie pourroit être proposée à ses Sujets comme un exemple de probité, des choses qu'un homme d'honneur ne doit pas se permettre; si l'on disoit qu'il est ignorant, parce qu'il n'a pas exactement interprété une loi sur le sens de laquelle les plus habiles gens du Royaume seroient fort embarrassés ;

Si les vertus, l'affabilité d'une Reine ne pouvoient la mettre à l'abri des discours injurieux de gens qu'elle n'auroit jamais offensés;

Si une partie de la famille royale étoit bassement outragée par des calomnies grossières, inventées pour la rendre odieuse à la populace;

Si les Officiers de la Couronne, & les principaux Magistrats avoient été exposés aux propos les plus avilissants pour avoir défendu la Majesté Royale;

Si aucun âge, aucun sexe, aucune vertu n'étoit à couvert d'une diffamation publique; si un homme qui est l'ornement de son siécle & de son pays, un homme connu pour un des plus ardents défenseurs de la Liberté se trouvoit accablé, dans sa retraite, des calomnies les plus atroces, pour avoir soutenu une opinion contraire à celle d'un autre homme;

Si ceux qui sont coupables de toutes les horreurs (1) étoient approuvés, soutenus ou protégés par un grand nombre de personnes; les hommes honnêtes ne devroient-ils pas se réunir & vouer à l'exécration de tous les siécles une troupe de Factieux pour qui rien n'est sacré.

---

(1) Ces suppositions se rapportent à des faits connus, & qu'on trouve dans l'Histoire d'Angleterre, dans les années qui précédèrent 1761.

Note du Traducteur.

SECTION XXII.

Réponse à quelques Objections.

1° Il sera peut-être venu dans l'esprit de quelques Lecteurs en lisant les Sections précédentes, que, d'après mes principes, on devroit regarder comme factieux tous ceux qui n'approuvent pas les opérations du Gouvernement. Mais il ne faut pas perdre de vue que je distingue ceux qui les désapprouvent par des motifs purs, tels que le maintien de la Liberté, & le bonheur public, de ceux qui ne les attaquent que pour gêner l'Administration, & profiter des troubles qu'ils peuvent exciter.

2° On ne manquera sûrement pas de dire que j'ai voulu désigner certaines personnes, & que j'ai cherché indirectement à les faire connoître : il me suffira de répondre que j'ai évité toute espéce de personnalités, que je n'ai avancé que des faits généraux, pour étayer mes raisonnemens, & faire connoître quelle est ordinairement la conduite publique des factieux.

3° Si l'on m'objecte que je censure indirectement ceux que j'ai autrefois ouvertement applaudis ; je répondrai que je n'ai point égard aux hommes mais à leurs actions.

4° Mais

4° Mais des hommes dont les mœurs sont irreprochables, me diroit-on, seroient des factieux selon vous : voici ma réponse : Les principes que suit un homme, dans sa vie privée, ne réglent pas toujours sa conduite dans les affaires publiques.

5° Il semble encore que vous rangez au nombre des factieux des hommes qui ont rendu de grands services à la patrie lorsqu'ils étoient en charge —. Non, sans doute, je rends justice à tous ceux qui ont bien mérité de la patrie.

6° Autre objection ; mes critiques ne portent que sur ceux qui n'ont plus le pouvoir en main. Je réponds que j'ai parlé avec la même liberté, lorsqu'ils avoient toute autorité. J'ai toujours tenu le même langage, parce que leur conduite a toujours été répréhensible, injuste & bassement intéressée.

SECTION XXIII.

Des moyens les plus propres à arrêter les progrès de la Licence & des Factions.

PREMIER MOYEN.

Après avoir expliqué à quoi l'on peut reconnoitre l'esprit de faction, il s'agit d'examiner quels sont les moyens les plus efficaces d'en arrêter les progrès, de ramener la concorde parmi les citoyens, & d'assûrer la tranquilité publique.

Il y a deux moyens de guérir une Nation de cette maladie. L'un est palliatif; l'autre est radical; il faut dabord employer les palliatifs pour préparer l'application des spécifiques.

Le premier moyen est la fermeté inébranlable du Prince. Car une faction formée par des personnes du premier Ordre ne cessera de le fatiguer de ses réclamations qu'elle ne soit venue à bout d'établir un Gouvernement aristocratique absolu; il n'y a que la fermeté du Prince qui puisse servir de digue aux efforts des factieux, parce qu'il dispose lui seul des places lucratives qui sont toujours le but vers lequel tendent les chefs de faction.

Dès qu'un Souverain se laissera arracher quelque chose par cette voie, sa tranquillité, sa liberté, celle de son peuple seront détruites. Mais, s'il montre un courage invincible, une fermeté fondée sur des intentions pures, & sur toutes les vertus d'un grand Roi, les factions se détruiront par leurs propres efforts; leur fureur diminuera par degrés; il verra naitre de beaux jours pour son peuple & pour lui-même. Cette vérité seroit susceptible de plus de développements; mais le public fera facilement le commentaire.

SECTION XXIV.

Deuxième Moyen.

Le moyen le plus propre à seconder la fermeté du Prince, doit être une résolution constante de la part du Ministère, de ne point employer les secours de la vénalité & de la corruption.

Acheter l'inaction des chefs de parti, c'est affoiblir tous les ressorts politiques. En donnant les grands emplois à des hommes avides, inquiets, ignorans, on décourage tous ceux qui sont capables de les remplir d'une manière avantageuse à l'état, sans acquérir la tranquillité dont le Gouvernement a besoin pour opérer le bonheur public.

Une âme vénale est insatiable; plus on lui accorde, plus elle devient importune; si le Ministère réussit à faire taire un factieux en le comblant de biens, ses succès éveillent l'ambition de dix autres qui, en suivant son exemple, le mettent dans l'alternative, ou de leur tout accorder ou de l'exposer aux maux qu'il avoit voulu éviter.

Il est donc de l'intérêt de la gloire d'un Ministre de ne point employer la corruption pour gagner ceux qu'il craint de trouver opposés à ses projets, quand il ſera bien connu de tout le monde, que la vertu des mœurs pures, des principes de religion & de probité ſont les ſeuls moyens de réuſſir auprès de lui, les factions s'aſſoupiront d'elles-mêmes, ou périront de déſeſpoir.

On pourroit m'objecter, d'après les principes de l'Auteur des *recherches ſur la nature & l'origine du mal*, que la corruption eſt un moyen néceſſaire dans tous les Gouvernemens libres.

« Tout Gouvernement, dit cet Auteur, étant » le fond de la violence & de la corruption, « il doit être adminiſtré par les mêmes moyens. » La corruption doit augmenter en proportion du » décroiſſement du pouvoir arbitraire, parce » que, moins on a de moyens pour commander » l'obéiſſance, plus il faut de reſſource pour » l'obtenir ».

« Des hommes vicieux & imparfaits, exerçant » une autorité ſur des hommes auſſi vicieux & » auſſi imparfaits qu'eux, ne préſentent à l'obſer- » vateur qu'orgueil, avarice & cruauté d'une part, » envie, ignorance & obſtination de l'autre, in- » juſtice & intérêt perſonnel des deux côtés ». Cette objection ſuppoſe comme on le voit l'homme naturellement méchant, je ne prétends pas qu'il ſoit eſſentiellement bon. Mais le ſyſtême oppoſé eſt ſi peu ſoutenable que je me contenterai d'oppoſer cet Auteur à lui-même.

« L'homme, dit-il ailleurs, a la faculté d'a-
» méliorer ou de dépraver sa nature, selon les
» circonstances, au point de se rendre capable
» d'atteindre au plus haut degré de perfection
» & de bonheur, ou de se dégrader jusqu'au plus
» bas état de misère & d'imperfection ».

D'après cet aveu, ne faut-il pas convenir que le Gouvernement doit plutôt chercher à perfectionner les hommes qu'à les corrompre, parce qu'entre des moyens sages ou malhonnêtes le choix ne doit pas être douteux.

SECTION XXV.

Autres Moyens.

VOYONS quels sont les objets dont le Législateur ou le Magistrat doivent s'occuper le plus tôt possible.

1° Il est reconnu que le pouvoir dérive naturellement des propriétés. Les grandes propriétés sont donc contraires à la Liberté. Elles favorisent la licence & les factions, parce qu'elles concentrent le pouvoir entre quelques individus, & que la trop grande inégalité entre le riche & le pauvre met toujours l'un dans la dépendance de l'autre.

Il seroit donc autant de l'intérêt des riches, s'ils aimoient la Liberté, qu'il l'est de celui de l'état qu'il y eût des Loix qui fixassent les propriétés. Je ne dis pas qu'il soit facile d'employer ce moyen, mais seulement qu'il produiroit de grands biens.

2° La fixation des propriétés seroit de la plus grande importance, relativement aux bourgs qui députent au Parlement : car, contre toute bonne police, le pouvoir y est départi sans aucun égard à la propriété : d'où il suit que les grands propriétaires s'en emparent (1) ; il se trouve alors établi sur ses bâses naturelles ; mais c'est au détriment de la Liberté, parce que cette assiette tend à l'établissement de l'aristocatie.

3° Les chefs de l'Etat doivent se prémunir contre le desir des conquêtes. Rome ne périt que pour avoir voulu conquérir le monde.

Des Colonies trop peuplées deviennent une charge pour la Métropole ; elles l'épuisent par les émigrations, & divisent l'attention & les forces du Gouvernement ; il faut, il est vrai, un grand nombre de Colonies pour conserver l'Empire de la Mer ; mais la grande Bretagne a peut-être attaché à cet objet plus d'importance qu'une saine politique ne l'eût permis.

---

(1) Parce que les pauvres & les simples journaliers se rangent à l'avis des grands Propriétaires qui leur donnent du travail, & leur procurent le moyen de subsister.

Note du Traducteur.

4° Il faudroit aussi faire des Loix pour limiter le commerce & les richesses. Je sçais que de tous les moyens celui-ci est le plus *impopulaire*. J'ose néanmoins le proposer, parce qu'il me paroît démontré qu'un commerce trop étendu & des richesses excessives sont ce qu'il y a de plus funeste aux vertus privées & partant à la Liberté (1).

5° Le Gouvernement doit s'occuper promptement & de la manière la plus efficace à réformer les mœurs. Il n'est peut-être pas de moyen plus salutaire que de réprimer la fureur des nouveautés, & l'esprit d'imitation. Je ne voudrois pas qu'on m'accusât d'avoir formé le projet chimérique de faire adopter les Loix rigoureuses de Sparte : je ne puis cependant pas ne pas dire qu'il seroit avantageux d'empêcher notre jeunesse insensée d'apporter dans leur Patrie les vices des Pays-Etrangers. Tristes fruits des voyages qu'on entreprend dans un âge sans expérience !

6° Je suis bien éloigné de vouloir détruire la liberté de la presse, quoique souvent la recherche

(1) On a beaucoup écrit sur le prix exorbitant des comestibles, & la profonde misère des pauvres ; on en a déduit toutes les raisons hors la véritable qui est *la diminution de la valeur de la monnoie*, suite nécessaire de l'accroissement du Commerce & des richesses. Il n'y a qu'un seul remède à ce mal ; c'est d'augmenter les salaires.

Note de l'Auteur.

de la vérité soit la boite de Pandore; mais on ne doit pas perdre de vue que les vertus nationales ne peuvent être soutenues que par la Religion nationale; celui qui en attaque les principes fondamentaux doit donc être regardé comme un ennemi de la Patrie.

Les écrits contre les bonnes mœurs doivent aussi exciter la vigilance des Magistrats, parce que les mœurs sont les bâses de la Liberté.

Les diffamations ou les écrits contre des particuliers, sont des abus de la Liberté de la presse (1). Les exemples en deviennent, tous les jours, plus fréquents. Je ne veus pas en citer deux exemples effrayants pour ne pas paroître insulter un exilé on un homme qui n'existe déja plus.

---

(1) Deux Auteurs qui, dans un Etat bien policé, auroient éprouvé la rigueur des loix, jouissent dans ce Royaume d'une entière impunité; l'un a écrit des *Mémoires* pour corrompre une jeunesse innocente; l'autre a composé un *Songe* que la famine & la haine ont pu seules lui inspirer contre des personnes aux dépens desquelles il a voulu égayer des âmes basses & envieuses.

Note de l'Auteur.

SECTION XXVI.

Moyen Principal.

J'AI déja annoncé que tous ces moyens n'étoient que des palliatifs ; il en est un dont le succès est aussi infaillible que durable ; c'est un code sur l'éducation publique.

Nous avons vu, dans cet Ouvrage, que les principes & les mœurs sont les seules bâses de la vraie Liberté ; qu'un enfant, abandonné à lui-même, contracte des habitudes funestes à sa tranquillité & à celle des autres ; que les principes & les mœurs sont le produit d'une éducation commencée dès le berceau, & suivie avec soin jusqu'à ce que le cœur soit formé ; que les passions déréglées ne peuvent être subjuguées que par les principes & les mœurs, & que, sans une entière subordination de ces passions à l'amour du bien public, il n'y avoit point de Liberté.

Nous avons trouvé la preuve de ces vérités dans l'histoire de trois Républiques célébres, dont la grandeur & la décadence n'ont eu d'autres causes que celles que nous avons affirmé devoir maintenir ou détruire la Liberté.

Nous avons examiné les avantages & les défectuosités de notre Constitution politique &

religieuse qui est excellente dans la théorie, mais qui a, dans la pratique, des inconvénients qui sont l'effet de la contradiction qui a toujours régné entre la Constitution & les Mœurs, le génie de l'Etat, & les Principes des particuliers ; que ces Principes ont toujours été vagues, corrompus ou incohérents, parce qu'il n'y avoit point de loix qui prescrivît un plan uniforme d'éducation pour tous les enfants.

Il est donc démontré qu'il importe à la tranquillité publique qu'il soit fait des réformes sur ce point essentiel. Jusqu'à ce que le Gouvernement ait établi une Education publique, il faut s'attendre à voir les Factions renaître de temps à autre, & se reproduire avec une nouvelle fureur au moment où on les croira détruites.

Quelques personnes penseront qu'il est facile d'exécuter ce projet ; d'autres le trouveront ridicule. Il y a un milieu entre ces deux opinions : ce n'est pas sans de grandes difficultés qu'on peut faire prendre un nouveau cours aux Mœurs & aux Principes d'une Nation.

Nous avons à notre portée un grand nombre de ressources pour mettre ce Plan à exécution. Une Religion pure & raisonnable, un système de politique bien conçu, des Mœurs qui ne sont pas généralement dépravées, beaucoup de religion d'honneur, d'intégrité dans les classes mitoyennes, & plusieurs exemples des vertus domestiques dans les classes supérieures.

Je ne crois point au rêve sublime de Platon, à la possibilité d'une République parfaite ; mais je crois que, si l'on ne doit pas attendre aujourd'hui, d'un code d'Education, les grands effets qu'il eût produit, s'il eût entré dans la composition originaire de notre Constitution, on peut espérer cependant qu'il en renforcera les côtés foibles, & que, s'il n'en détruit pas les vices, il diminuera beaucoup leur funeste influence (1).

Tant qu'il n'y aura pas quelqu'institution publique de ce genre, tous les discours qui seront débités en chaire ou sur les bancs, tous les Ecrits qu'on répandra dans le Public, par la voix de l'impression, pourront pallier quelquefois les maux que cause l'esprit de Faction, mais ne les détruiront jamais.

---

(1) D'après ce que j'ai dit dans quelques Sections, il est facile de présumer dans quelles classes je pense que les enfants reçoivent l'éducation la plus défectueuse.

Note de l'Auteur.

SECTION XXVII & dernière.

CONCLUSION.

L'EFFET des meilleurs moyens dépend toujours de la manière dont on les met en usage. Il n'y a qu'une chose qui puisse faire valoir ceux que je viens d'indiquer; c'est la réunion sincère des honnêtes-gens de toutes les classes, fondée sur une volonté constante de s'opposer de toutes leurs forces aux entreprises des chefs de Faction.

Cette réunion semble si naturelle, au premier coup-d'œil, qu'il seroit presqu'inutile d'y exhorter les Citoyens, s'il ne falloit pas les encourager à vaincre tous les obstacles qui s'y opposent.

Chez les Grands, c'est souvent un faux point d'honneur qui les engage dans des cabales ou des conspirations. Ce principe dangereux l'emporte quelquefois dans des cœurs honnêtes sur la Religion & la Vertu. Ils tiennent à des liaisons formées par la politique & l'intérêt, quoiqu'ils sentent qu'elles sont contraires au bien public.

Qu'un homme dans cet état est à plaindre! Il se voit balotter sans cesse par deux pouvoirs qu'il lui est impossible de concilier.

Des Moralistes sévères rayeroient peut-être

cet homme de la liste des honnêtes-gens ; mais il doit exciter plutôt la pitié que l'indignation. Sans le préjugé funeste qui l'égare, il seroit peut-être au rang des Citoyens les plus dignes de notre admiration & de notre estime.

Les liens du sang, de l'amitié & de la reconnoissance sont encore, parmi les Grands, des obstacles à cette réunion si salutaire & si désirable. Il y a, entre les pères & les enfants, les protecteurs & les protégés, entre les amis, une action & une réaction qui les tiennent dans une dépendance mutuelle. Ils demeurent attachés au parti que les uns ou les autres ont embrassé, non seulement par honneur, mais par affection. Qu'il est douloureux de voir des sentiments généreux devenir la cause des malheurs de la Patrie.

Les mêmes obstacles existent, jusqu'à un certain point, dans les classes mitoyennes. Mais, comme les préjugés & les passions des Citoyens qui les composent ont moins d'énergie que chez les Grands, l'effet du point-d'honneur & des affections particulières doit être moins considérable. Ce sont les relations forcées des inférieurs avec leurs supérieurs qui font passer dans ces classes des préjugés indestructibles qu'elles adoptent sur l'exemple des Grands, sans examen & sans motif.

Une des principales causes de la désunion qu'il y a parmi le Peuple, lors même que le bien public l'emporte sur ses affections particulières, c'est sa dispersion dans les Provinces. Ce qui l'empêche de se soulever, de s'assembler, lorsque des chefs de Faction excitent des troubles, est précisément ce qui fait qu'il en ignore souvent la fausseté des prétextes dont ils se servent pour exciter les esprits.

Les clameurs des Factieux se répétent dans les Provinces avec fureur ; le Peuple se prévient facilement, parce qu'il est bien loin de soupçonner l'adroite scélératesse avec laquelle on le trompe ; il reçoit comme des vérités toutes les calomnies qu'on répand contre des hommes en qui il seroit nécessaire qu'il eût confiance.

Il est rare que ceux qu'elles attaquent daignent y répondre. De-là naissent des doutes & des soupçons, sur-tout dans l'esprit des gens peu éclairés. Le mécontentement se propage ; on raisonne ; on conteste ; on s'aigrit, & tout un Peuple se trouve divisé. Il n'est pas une Province, pas un Village, pas même une Maison où les avis ne soient partagés, & les opinions contradictoires. Ces contentions deviennent ridicules au point de devenir le sujet des railleries des vils instruments qui les ont excitées.

Néanmoins tout Citoyen zèlé pour la Liberté

devroit s'affliger, s'il arrivoit qu'un Peuple libre, honnête & généreux cessât de s'occuper des affaires publiques; car, quoiqu'il puisse être allarmé ou trompé quelquefois, son jugement sur des objets graves est toujours solide & réfléchi. Aussi c'est avec raison que Montesquieu dit : *Ne me dites pas qu'un Peuple raisonne mal; il suffit qu'il raisonne.*

Les clameurs de la Capitale ne portent pas le Peuple jusqu'à la sédition & la révolte ; mais elles l'allarment; elles le divisent: les habitants des Provinces devroient donc se tenir en garde contre les rumeurs politiques de la Capitale, & ajouter peu de foi à des bruits répandus & propagés avec une adresse perfide dans l'intention de les tromper. Les gens honnêtes n'attribuent le progrès de ces bruits qu'à la force de la Vérité; mais les auteurs des calomnies savent bien ce qu'il leur en a couté d'efforts, de soins & de ruses pour leur faire parcourir tout le Royaume.

Il n'est pas possible de douter qu'elles ne partent de quelque Faction, lorsqu'elles portent sur quelque Particulier, & qu'elles attaquent plutôt son caractère que sa conduite.

Si le Peuple pouvoit apprendre à se défier de ces basses intrigues, & à les mépriser, je ne désespérerois pas de voir tous les honnêtes-gens de toutes les classes ne former qu'un parti pour s'oppofer aux progrès de la Licence & aux entreprifes des Factieux.

Puiffé-je être témoin de cette heureufe révolution! Puiffent les honnêtes-gens de tous les partis fe perfuader que leurs premiers devoirs font envers Dieu, le Roi & la Patrie; que toutes les autres obligations doivent être fubordonnées à celles-là; que, le véritable honneur ne peut pas fe trouver en contradiction avec la Religion & les Loix; que s'il eft un parti qu'il foit honteux d'abandonner, c'eft celui de la Vérité & du bien public; qu'il n'eft point d'affection ou d'égards qui doivent l'emporter fur l'amour de la Patrie, & qu'il n'appartient qu'à des efprits fages & fublimes de favoir reconnoître fes propres erreurs, celle de fes protecteurs, de fes amis & de fes ancêtres!

FIN.

M. DCC. LXXXIX.

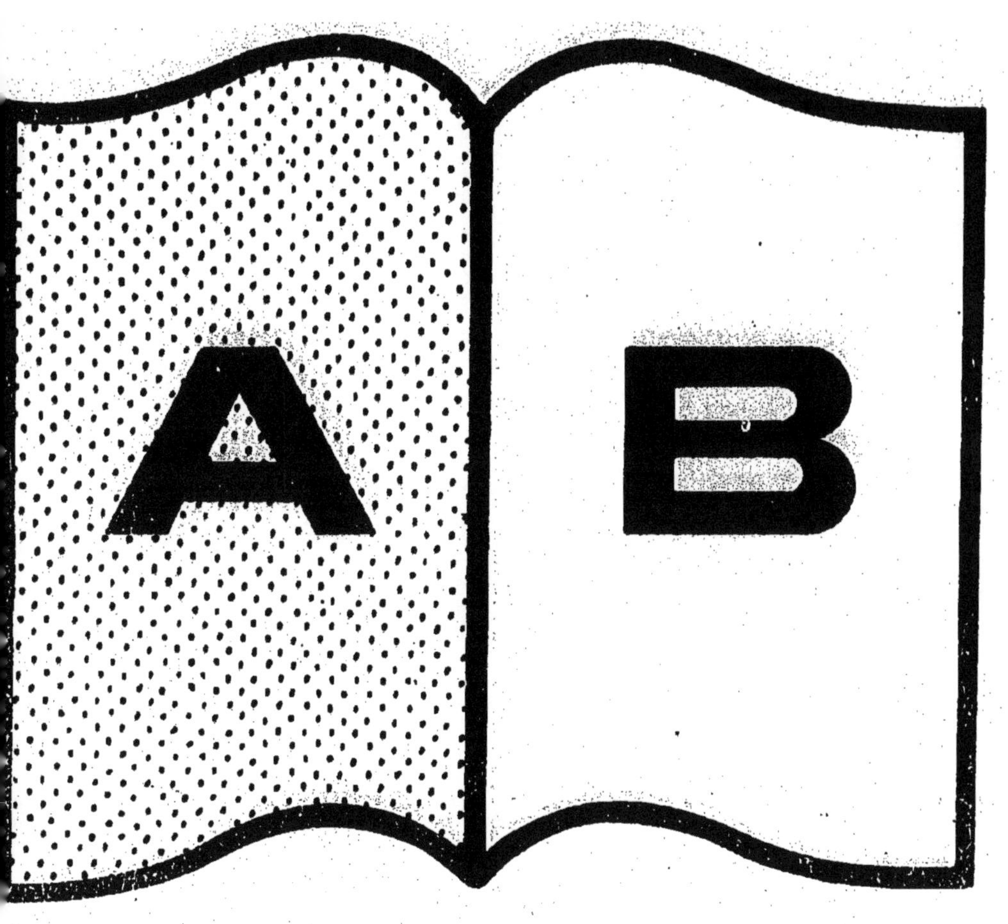

Contraste insuffisant

www.ingramcontent.com/pod-product-compliance
Ingram Content Group UK Ltd.
Pitfield, Milton Keynes, MK11 3LW, UK
UKHW022119190726
13855UKWH00003B/958